父母是孩子的第一位人生导师

父母越早了解，孩子越早受益

父母只有了解孩子内心的秘密，才能更好地正面管教

万　姣◎著

南京出版传媒集团
南京出版社

图书在版编目（CIP）数据

父母是孩子的第一位人生导师 / 万姣著. -- 南京 : 南京出版社，2018.9
ISBN 978-7-5533-2137-0

Ⅰ. ①父… Ⅱ. ①万… Ⅲ. ①家庭教育 Ⅳ. ①G78

中国版本图书馆CIP数据核字（2018）第014075号

书　　名：父母是孩子的第一位人生导师
作　　者：万　姣
出版发行：南京出版传媒集团
　　　　　南　京　出　版　社
社　　址：南京市太平门街53号　　邮编：210016
网　　址：http://www.njcbs.cn　　电子信箱：njcbs1988@163.com
天猫1店：https://njcbcmjtts.tmall.com　　天猫2店：https://nanjingchubanshets.tmall.com
联系电话：025-83283893、83283864（营销）　025-83112257（编务）

出 版 人：项晓宁
出 品 人：卢海鸣
责任编辑：袁　昕
装帧设计：金　刚
责任印制：杨福彬

印　　刷：三河市天润建兴印务有限公司
开　　本：710毫米×1000毫米　1/16
印　　张：14
字　　数：181千字
版　　次：2018年9月第1版
印　　次：2018年9月第1次印刷
书　　号：ISBN 978-7-5533-2137-0
定　　价：39.80元

营销分类：社科 · 家庭教育

目录
contents

第三章 让孩子接受挫折教育

第四章 爸爸越“懒”，孩子智商越高

第1章

管教孩子，不止是妈妈的责任

孩子在3岁之前，主要受母亲的影响。如果不能突破这种影响，母亲的影响就会充斥着他的身心。他会深深感受到母亲的力量和重要性。在母亲的影响下，他以后很可能成为一个感情骗子和调情高手，但他无法成长为一个珍惜女人并维持长久伴侣关系的男人，无法成为一个好爸爸，也无力维持一段平等的男女关系。要想改变这一切，他必须放弃那最原始、最亲密的对母亲的依附心理，去接受父亲的影响。

中国基础教育的问题和挑战

中国的基础教育，服务着世界上最庞大的青少年。

3—12 岁的年龄段，是青少年基础教育的关键时期。但是当前中国的基础教育，还存在着很多问题，尤其是在3—12 岁年龄段的潜能开发上，做得还非常有限。

父母们应该相信，每个孩子身上都有巨大的潜能。

事实上，每个孩子都蕴藏着与伟大天才一样的脑容量和脑潜能。基础教育的本质，就是要在充分了解每个孩子潜能的基础上，充分地把他们的潜能开发出来。努力为他们创造一种良好的教育环境，在他们可以看得见的远处树一面旗，在他们的心灵深处点亮一盏灯，鼓励他们去追求，去实现，从而让自己的个性得到充分展现。并在成长过程中，给予适当的保护、帮助和激励。

可惜的是，这种潜能开发式的教育，在中国的基础教育过程中并没有得到很好的实施。不重视潜能开发、不懂得因材施教，仍然是当代教育的一个硬伤和普遍被忽视的问题。

鉴于此，我们认为在教育方式上必须要实现三个转变：

一、变管束为引导

中国的传统教育实际上是一种管束式的教育。从小到大，无论是父母还是老师，都把孩子当成管束的对象。从孩子懂事起，我们就把各种观念、知识灌输给孩子，教他们服从，夸他们听话。因为这样既方便管理，又能为父母和老师们赢得心理上的满足感。这样管束式的教育，总给人一种“居高临下”的感觉，孩子更多时候是处于被动应付的状态。他们被各种各样的规矩管得死死的，不敢创新，所有的潜力都得不到正常的发挥。

针对孩子的基础教育，我们应该做一名引导者，而不是管理者。孩子不仅是我们教育的对象，更是我们服务的对象。只有让孩子成为老师和家长服务的对象，孩子的潜能才有可能得到真正地发掘。老师和家长要服务孩子，就要增强服务意识，不能总以管理者的形象在孩子面前指手画脚，而要努力成为孩子的朋友和知己。尊重他们的人格，深入了解他们的实际潜力，让孩子随时感受到老师和家长的帮助而不是教导。这样孩子的心灵就会处于一种自由开放的积极状态。

我们一定要善于发现孩子的潜能，引导孩子发挥他们的潜能。如果想让孩子朝某一方向发展，就要在那里寻找“闪光点”，通过表扬激励让其发扬光大。甚至可以制造“闪光点”，让孩子不断地“追求胜利”，从而真的具备该优点。

二、变挑剔为夸奖

美国的一位学者，在深入研究了中国的教育后说：“中国的老师和家长最爱孩子，却也最不会爱孩子。”他们为了孩子行，却总在抱怨孩子的不行。尤其是父母，在孩子很小的时候就开始挑剔孩子的错误，眼睛老是盯在孩子的缺点和弱点上。孩子做什么都是错的，都需要家长的指点和教训。时间久了，孩子就会认为“自己真的不行”，没有父母的指导，自己什么也干不成。于是，在不断的挑剔下，父母一手把教育效果推向了反面：孩子变得越来越自卑，对自己渐渐失去了信心。

自信是潜能开发的核心，一个人丧失了对自己能力的信心，就不可能有真正的自主和创造。要让孩子自信，要让孩子感觉到自己行，教育就得变挑剔为夸奖。

我们应该相信孩子，相信他们的潜力，相信人人都能成才，并让孩子感受到这份信任，在信任中增强自信。在孩子努力完成一件事的时候，我们要不断地激励孩子，让孩子感受到通过自己的努力获得成功后的喜悦。我们要学会对孩子说："你真棒，继续加油哦。"而不是说："你做得还不够好，哪些地方是错的……"

三、变填充为选择

填充式教育，是中国教育问题最严重的地方。我们早已经习惯了让孩子做填空题，从来不给他们自由选择的机会。在家里，父母把孩子的时间规划得满满的，每天该做什么、该学什么早就规定好了，很少让孩子自己选择。课堂上，老师又让他们在既定的框架内填写相同的内容，无需选择。总而言之，孩子是没有选择权的，老师和父母早已包办好了一切，孩子只需完成任务。

长此以往，孩子的主动性就会大大削弱。他们变得不愿意主动去做事情，因为父母和老师会给他们安排好、布置好一切事情，他们根本无需选择。而潜能开发教育，首先是尊重孩子、相信孩子，敢于放手让孩子自主选择和决断。要想培养孩子自主的精神，我们首先要还给孩子选择的权利，还给孩子自由支配的时间，让他们干一些自己喜欢干的事，学一些自己渴望学的知识。我们要创造"海阔凭鱼跃，天高任鸟飞"的环境，让孩子自由地翱翔！只有给孩子足够的空间，才能让他们的潜能充分发挥。

总之，21 世纪心脑时代已经到来，追求潜能开发注定是 21 世纪世界教育界的全新主题。尤其是对于3—12岁龄期的孩童，这是最关键的启蒙时期，是大脑吸收信息能力最强盛的阶段。因此，全世界发达国家无不改弦易辙，转向孩子的启蒙训练，运用大脑的知识教育孩子。我们认为小学教育将影响孩子们以后的学习成就能力。在3—12岁龄期的孩童，随着时代的发展，世界教育将对大脑进行一次大规模的洗礼。

伪娘当道，孩子“阳气不足”

飘逸的连衣裙、白色高跟鞋、蓝色长筒丝袜、大波浪长发，再加上精致的妆容、羞答答的眼神……如果不是自报性别，很难想象这是一个男孩子。在一场场选秀活动中，这类打扮特殊的男人引起了多方关注，“伪娘”一词也摇身一变成了时下的流行词汇。

中国选秀节目《快乐男声》中名声大噪的刘著，人称“著姐”，堪称中国第一“伪娘”。身为男儿的他总以女性装扮亮相，并且迅速走红网络。紧接着，一批“伪娘”跟风而至：河南首届钢管舞大赛的梦赛、靠女装反串出位的王祖蓝……

“伪娘”一词源于日本动漫界，指正常男性角色通过变装后具备了同女性一样的美貌。但在中国，风靡一时的“伪娘”并没有那么简单。他们比女人还女人，即使不穿女装，也没有一点阳刚之气，似乎对自己的性别认同完全颠倒了。

从心理学的角度来说，性别认同是指对自己是男是女的生理、心理和社会身份的认同和确定。人从两三岁开始就有初步的性别意识，如果性别认同发生偏差，可能导致焦虑、抑郁，甚至出现更为严重的心理问题。如今这些走红的“伪娘”，虽然没有做出女性化装扮，但他们的心理已经穿上了“女装”。

如果你认为这么说是在耸人听闻，不妨看看下面这个例子：

“我们班里就有一名很女孩子气的孩子。”

“我们班有个男生可讨厌了，走路总是一扭一扭的，说话细声细气，还随身带着小镜子，经常拿出来照，比女生照镜子的次数还多！”

这是幼儿园里的老师和小朋友对童童的议论。童童是一个4岁的男孩子——身穿棕色绒上衣，红色长裤，头发刻意蓄了起来，在靠近头顶处扎起了一个小辫子。小辫子是妈妈帮他扎起来的，爸爸从来不管他。在幼儿园的孩子里，童童显得格格不入。下课时，他没有跟其他孩子一起说笑打闹，而是一个人坐在靠近门口的位置发呆。当有人和他说话时，他就会表情扭捏，满脸通红，比小姑娘还害羞。

这样的孩子俨然就是个小“伪娘”，如何指望他成长为男子汉？由此可见，男孩子女性化是一个可怕的现象，令人担忧，但这并不是个别现象，而是一个社会现象。

社会追捧“伪娘”并不是一个好现象，这种认可代表了部分男性的危险心理。如果任“伪娘”发展，会有更多的男青年变得女性化，很可能会导致一个民族的勇气不足，吃苦耐劳的精神也会减弱，这种对“伪娘”认可的现象非但不值得提倡，还应敲响社会的警钟。

那么追因溯果，“伪娘”究竟是怎样产生的呢？这必须从父母的教育方式说起。

一、妈妈带孩子

在家庭教育中，普遍存在着妈妈带孩子的现象，因为传统观念认为，女性更细心、温柔、有耐心，相比男性更适合带孩子。然而，家庭教育的“阴盛阳衰”会导致孩子缺少阳刚之气。如果一个家庭只有爸爸或者只有妈妈，对孩子的成长是有影响的。男性和女性在性格、言行等方面有很大差异，如果孩子在早期得到男性和女性的共同影响，对孩子以后健全性格的培养将是非常有帮助的。

二、妈妈对孩子太溺爱

现在很多孩子都是独生子女，他们从小在家庭的溺爱中长大，很多妈妈对于自己的孩子并没有科学的教育方法，而是采用一味溺爱的教育方式。这些妈妈并没有意识到，这种溺爱、娇惯会导致孩子从小便习惯衣来伸手饭来张口的生活。失去锻炼机会，孩子们的抗挫折能力会大大下降，也促使部分孩子在成长过程中趋于女性化。

三、妈妈把孩子当女孩带

在很多家庭中，妈妈会对孩子采用和女孩一样的教育标准。比如，很多妈妈喜欢把乖巧、听话的女孩子作为榜样，教导孩子也像女孩子一样听话，这种与孩子天性相悖的教导方式，令一些孩子认为只有像女孩子一样温柔、听话才能博得父母的喜爱，这种“把孩子当女孩带”的教育模式造就出一批像小绵羊一样听话的孩子，这种心理作用甚至会影响到他们成年。

总而言之，孩子就是家长的镜子，孩子的很多问题，都源于家长日常的行为方式。而“伪娘”最主要的原因，就是现在很多孩子都给妈妈带，爸爸很少参与育儿过程，这就使得女性角色过多地存在于孩子的生活中，最终导致孩子“不够阳刚”。

只给妈妈带，恋母情结“害死人”

孩子如何成长为优秀的男人，怎样快速建立起正确的情感和心智模式，是每位父母都十分关心的问题。然而，在孩子的成长过程中，父亲的角色常常缺席。父亲带孩子的情况不足一成，绝大多数孩子是由妈妈带大的。

很多幼儿园的家长会，几乎成了“妈妈会”，父亲工作繁忙，常常数日才见孩子一面……事实上，很多父亲忽视了自身所承担的教养责任，以为工作与养家就是全部，却不知有意无意间忽视了孩子，也忽视了父亲的教养职责和为父之道。结果，许多孩子对父亲会有陌生和排斥的感觉，而对母亲有一种天生的依恋。

父爱的缺失会带给孩子严重的心理问题，“俄狄浦斯情结”就是其中的一个心理问题。

俄狄浦斯是古希腊悲剧《俄狄浦斯王》中的主人公。他是忒拜王的儿子，但忒拜王相信了一个预言——俄狄浦斯有一天会杀死父亲而与母亲结婚，于是命人杀死俄狄浦斯。然而，这个执行命令的人不忍下手，只是将俄狄浦斯丢弃在山上。后来，一个牧羊人发现了俄狄浦斯并将他送给邻国的国王做儿子。

俄狄浦斯长大后，有很多英雄事迹，其中最著名的是解开了狮身人面兽斯芬克斯的谜语，并因此娶伊俄卡斯忒女王为妻。后来，国家瘟疫流行，俄狄浦斯才知道，他多年前杀掉的老人是他父亲，而与自己同床共枕的是母亲。闻知这一事实后，伊俄卡斯忒女王自杀，俄狄浦斯王羞怒不已，他弄瞎了双眼，离开底比斯，独自流浪去了。

《俄狄浦斯王》被誉为古希腊三大悲剧之一，精神分析的鼻祖弗洛伊德认为，俄狄浦斯王的故事之所以如此打动人心，是因为唤起了很多人心中的恋母情结，他也因此将恋母情结称为“俄狄浦斯情结”。恋母情结既常见又复杂，主要是由于孩子在幼年时与母亲关系非常亲密而与父亲关系疏远造成的。在此情形下，孩子很容易对母亲产生一种特殊的柔情，视母亲为自己的所有物，而把父亲看成是争得此所有物的敌人，并想取代父亲在父母关系中的地位。

俄狄浦斯症结以伪装的形式表现在我们的生活里，会直接影响一个人的生活方式。我们经常可以看到某个男人与一个年纪大他很多的女人结婚，这就是例子。更戏剧化的是，报纸上偶尔也刊载类似的新闻，并且对此津津乐道。

刘女士结婚14年了，夫妻关系以前很好，但搬回婆婆家住以后，夫妻关系就日趋恶劣。刘女士说，婆婆先是向儿子张强挑拨，说儿媳妇瞧不起自己。后来婆婆见这招无效后，又改说亲家瞧不起自家的女婿……经过婆婆长时间的挑拨离间，张强从一开始的半信半疑逐渐演变成了对妻子的斥骂和殴打。最后，张强找了个情人，开始整日整日不回家了。

婆媳关系这个问题可能是自古以来的难题。在我们的文化中，夫妻关系的重要性既不及新家庭的亲子关系，也不及原生家庭和父母的关系。这就导致，妈妈会被社会和文化鼓励与儿子建立亲密关系，至于忽略丈夫，仿佛是天经地义。这样一来，父亲就先是不能与儿子很好地沟通，最后又难以和妻子建立良好的关系。

当孩子面对一个精明、有吸引力的母亲时，他会觉得自己太弱小而不能离开她，他无法靠自己的力量彻底离开。如果他想结束孩童时代从而成为一个男人，就必须进入父亲、祖父等男人的世界，在那里才能获得离开母亲影响的力量。

海灵格强调说：“只有当孩子受到父亲的影响，女孩受到母亲的影响时，这种均衡的关系才可能形成。在现实生活中你可以注意到：受父亲影响的儿子，比起单纯眷恋母亲的儿子来说，会更加尊重、疼爱母亲。同样道理，当一个女儿抛开她对父亲的眷恋，回到母亲身边时，她并没有失去父亲，她的父亲也没有失去她，反而她会更尊重父亲，更爱父亲。”

妈妈带大的孩子，存在严重缺陷

在父爱缺失的情况下，被妈妈带大的孩子，心理会存在严重的缺陷。

很多社会学家甚至认为，孩子 80% 的时间和母亲在一起，他们长大以后不知道怎样做男人。男人不知道怎样做男人，就会越来越像个长不大的大孩子。

某位感情敏感的女作家，她的多愁善感也影响了与之形影不离的儿子。儿子 6 岁不敢走夜路，关了灯不敢入睡，喜欢积木及小猫钓鱼之类的女孩常玩的玩具，喜欢奶声奶气地认母亲的好友做“干妈”，喜欢穿花衣服，他甚至不喜欢“野小子”们的游戏：爬树、堆沙、玩泥巴……女作家忧愁起来，她说：“他哪像个虎头虎脑的男孩子呢？”

这位女作家的担忧不无道理，男孩子不像男孩子，便会引发很多问题：遭同龄人欺负、“娘娘腔”、同性恋……很多儿童心理学专家曾明确地指出，就问题孩子而言，关键在于父亲的不参与和不关心，其结果是母亲要承担更多的责任来填补空位。由此可见，父爱对孩子的成长多么重要。

恋母情结很严重的人，下意识里自以为比父亲更出色。如果父亲不够强，这种幻觉就不会引发太大的问题。但如果父亲实际上非常强大，那么这种幻觉的破灭就会给孩子带来很大的痛苦。

亮亮马上就要过 3 周岁的生日了，但是在他 3 岁以前，与爸爸相处的日子屈指可数。亮亮的爸爸是个业务繁忙的生意人，常年奔走于大江南北，只有妈妈伴随亮亮的成长——现在大部分的孩子都处于这样的生活状态。

由于妈妈与亮亮的关系过于亲密，并且经常当着儿子的面说丈夫不好，这正好迎合了儿子的恋母倾向，让他觉得自己比爸爸更棒。但是，等进入青春期后，他这个幻觉很快被击垮了，因为爸爸是那么的强大，亮亮无论怎么努力都无法超越。

很多时候，恋母情结还会严重影响他们的学业与成就。因为缺少父亲的关爱，患有恋母情结的人难以与他人形成亲密的关系。这种心理症结，直接影响到他们一生的人际关系，尤其是恋爱、婚姻以及亲子关系。

具体来说，有恋母情结的孩子，还会存在怎样的缺陷呢？

一、胆小、懦弱

孩子3岁以前，最需要的是获得安全感，而安全感的最佳来源是父母恰当的照顾。就拿亮亮来说，爸爸对他疏于照顾，而妈妈是个柔弱的女人，必然缺少那种强大的力量给予亮亮更多的安全感，难免会造成孩子胆小、懦弱的性格。

二、强烈的依赖心理

通俗来讲就是“什么时间办什么事，比如一日三餐的时间、晚上就寝的时间”等。由于从小就缺少爸爸的管教，妈妈反而会感觉愧疚而加倍给予孩子呵护，甚至是溺爱。本就“衣来伸手、饭来张口”的孩子更是零食不断、夜不入寝，完全无视正常的生活规律，由此造成孩子自立性降低和习惯养成的缺失。

三、喜欢逃避困难

孩子的成长过程中哪有不磕磕碰碰的，但是现在大部分家长过分保护，犹如温室的保护膜一般将孩子与外界隔离开。生长在“温室”里的

“幼苗”只能感受到阳光、温暖以及甘霖，哪能体会到外界的风风雨雨。长期的过分保护造成了孩子缺乏应有的防护机制，剥夺了孩子本该经历的挫折，最终导致孩子面对困难时不知所措，只懂得“逃避”等不成熟的心理防御机制。

四、变成伪娘

还是以亮亮为例，在与父亲相处的短暂时光中可能有两种结果。一是由于父亲没有长期陪伴儿子成长，更加激起父亲望子成龙的期盼，导致在相处过程中由于恨铁不成钢的心理对孩子采取粗暴的教育方式。基于并不深厚的情感基础，这样的相处方式会给孩子的心灵造成巨大的伤害和恐惧感。二是由于父亲愧于不能陪伴孩子成长，会以过度的补偿方式来弥补缺失的父爱。这两种教育模式都阻碍了男性角色榜样的树立，使得孩子缺乏对父亲这个同性角色的认同，有可能造成孩子长大后成为“伪娘”。

“俄狄浦斯期”是性别认同的关键期。只有在这个阶段，孩子承认自己不如父亲，然后以模仿父亲的方式实现对男性的认同，从而具备男性的性别意识，才是最自然的。如果这个任务要放到 6 岁以后甚至青春期才去做，而父亲又恰好是一个非常强大的人，做儿子的就会感到无比痛苦。因此，在孩子的成长过程中，父母必须对孩子塑造正确的性别观念，特别是父亲，在孩子的教育中更是不可或缺。男孩归父亲，女孩归母亲，这是 3—6 岁时的最佳情境。等孩子长大了，父母还应该让男孩进入男孩的世界，让女孩进入女孩的世界，否则容易出现问题。

孩子“性别”不同，吸收营养该不同

在对男孩的教育过程中，有一个很大的问题总是被父母忽略。那就是，粗心大意的父母们，常常忘记他们孩子的性别差异。特别是随着独生子女时代的到来，家庭在抚养男孩或女孩时，并没有太大的性别差异。因为只有一个男孩，特别金贵，所以怕他受伤、过分保护，甚至把男孩当女孩来养，以至于把男孩子本该有的一些特性给弱化了。

身为儿子和孙子的男孩，很难在一种过度呵护的家庭环境中获得关于男人、男子汉的角色认知。在国外，爸爸出门前会跟 3 岁的儿子说：“现在你是家里唯一的男人了，要好好照顾妈妈。”在中国，即便是面对已经成年的儿子，爸爸们依然会说：“我不在家时，记得听妈妈的话。”试问如此的教子方式如何让男孩成为真正的男子汉？

我们必须牢记，男孩和女孩真的不一样。

很多父母恰恰忽略了这一点，他们希望男女生都能以相同方式成长，成为一个负责任又体贴的个体，还是一个热忱的学习者。但是，许多时候你会发现，这种想法是非常可笑的。也许家里面同时有男孩与女孩的父母才会互相感叹：“你知道的，他们就是不一样。”

是的，男孩和女孩，完全不一样。而且这种“不一样”时常为老师、父母以及男孩本身带来一些困扰。下面，就让我们看看，男孩身上究竟有哪些特质：

一、男孩子活力充沛、非常容易冲动

他们的精力充满着感染力，而生理上的精力经常被解读为心智上的

驽钝，也就是所谓的“头脑简单，四肢发达”。他们经常是风险承担者，表面看起来很容易遗忘伤痛或是责备。男孩们经常在想到后果之前就已经有了行动，不管他们最后的决定是什么，坚持勇敢或是毫不在意都是一时冲动的结果。

二、男孩喜欢简单与直接，说话非常坦白

男孩们的语言技能发展较迟缓，这一点从他们经常表现出令人哭笑不得的幽默，或是他们较习惯采取行动而非协调（比方说，在扮家家时会抢走厨具箱，而不会说好轮流玩儿）等特性中可以看出。因为男孩在情感上的不成熟，使他们可以在夸赞自己时毫不脸红，也可以利用夸张、装模作样以及喧闹等引起别人的注意，他们不在意是否能讨好别人，就像童话《国王的新衣》里面的小男孩，可以直言不讳地说出国王其实没有穿衣服，他在说这话时，完完全全表现出一种男孩子特有的坦白。

三、男孩渴望被认可，希望得到赞赏

因为这种需求，使得男孩经常以力量为基础、以行动为导向来表达他们对于正义、公平与善恶的感受。蜘蛛人、蝙蝠侠以及忍者龟等英雄形象在男孩的世界里有着重要的地位，因为他们自己也热切地期待成为英雄的一员：是强大非幼小的；在世上拥有主宰的力量，而非是个软弱的男孩；成为善恶的仲裁者，而非协调者或观察者。

虽然和男孩相比，女孩也拥有活力，充满好奇心，并期待她们的校园生活非常适意。但就如同老师与父母亲们经常告诉我们的，男孩与女孩与生俱来的性别差异是非常明显的。举例来说，有多少活泼的、富于想象力的女孩会将她们的精力放在利用树枝做一把玩具枪上？又有多少同样精力旺盛的男孩，会去想象自己是一匹美丽、狂野的在原野上奔驰的骏马？

总之，男孩最大的特质是活动力高、易冲动与强调身体力量，而这些特质是否有价值则取决于父母、男孩本身以及当时所处的环境。因为具有这些特质，男孩子在运动场或游戏场中有较好的表现，男孩们行动与冲动的特性，在这类的场合中完全被允许，甚至是被强化的；而学校的环境则是相对静态的，和守规则、肯合作以及多才多艺的女同学相比，这些男孩特质便成了他们的缺陷。而家庭教育，尤其是爸爸的管教，恰恰可以弥补这一缺陷。

所以说，爸爸这个角色的主要作用之一，就是正确引导男孩特有的活动力、行为与态度等天性，让他们在学业上、事业上有所成就。那么，爸爸从什么时候开始担当起这一角色呢，一般认为是在 3 岁以后，因为 3 岁是一个非常特殊的时期。

男孩的优势和弱势

男孩和女孩相比，有自身的优势，也有自身的弱势。作为父亲，在对男孩的教育过程中，必须深刻地认识到这一点。

首先，来说说男孩身上的优势：

1. 男孩一般都比较自信、生机勃勃。他们喜欢集体生活，并善于根据自己的实力来估量自己在所处集体中的地位，更喜欢主宰、控制环境。男孩喜欢竞争，在竞争环境中他会觉得兴奋，男孩也愿意接受挑战，甚至有不为任何理由就去冒险的倾向。

如果能够从父母身上得到充分的支持和爱，男孩会比女孩更早地走向独立。通过对 6 个月的男婴和女婴对解决事情的实验中可以发现，面对困难的时候，男婴已经开始试图通过自己的探索尝试解决问题，而不是借助哭泣等手段。

2. 男孩擅长抽象思维，具有很强的立体空间认知能力。很多男孩 4 岁的时候就已经擅长三维空间的游戏了，这正是将来学习工程学必备的技能。男孩在数学方面也有很强的潜能，比女孩更容易理解复杂的数学概念。自然科学也是男孩擅长的科目之一。

3. 男孩的目的性很强，他们会注重结果而不是过程。在复杂的情况下，男孩比较善于单刀直入解决问题，而忽视感情的因素。

4. 男孩富有个性，他们喜欢张扬的与众不同的做事方法，对自己的所作所为很有自豪感。

5. 男孩擅长实践，所以他们总是把家里的东西搞坏，又突然间修好了许久不用的闹钟。

6. 男孩的注意力相对要比女孩集中，他们擅长完成一件事后再做另一件事。

说完了优势，让我们再来看看男孩身上都有哪些弱势：

1. 男孩体内的睾丸素使男孩更具攻击性，心理学家称之为“有攻击性的小机器”。在运动能力方面，男孩的爆发力、动作速度和猛烈程度远远超过女孩。

2. 男孩的所有感觉器官（包括直觉）天生要比女孩迟钝。

触觉最敏感的男孩也比不上触觉最不敏感的女孩。在视觉方面，男孩对移动物体更感兴趣。在听力上，男孩的敏感度也大大低于女孩，所以有的家长会抱怨“为什么我的话你听不见”，而事实上男孩可能真的没有听见。

3. 由于体内睾丸素的作用，男孩对于某种需求或愿望，比女孩更快更迫切。因此，男孩的耐久力较女孩差，他们的注意力持续时间要比女孩短，做事也更毛躁，他们经常没听清指令就行动，因而错过很多重要步骤。如果家长希望男孩做什么，就要尽量用简单的语言，直截了当对男孩说这样更有效果，不要期待他们对暗示有什么反应。

4. 男孩的语言能力比较差，可能会比同龄女孩晚一年，在阅读方面，男孩会3倍困难于女孩。男孩比女孩更容易产生学习兴趣，所以补课班里，往往有三分之二的男生。男孩不善于察言观色。家长可以通过给男孩讲故事、唱童谣的手段，帮助他弥补语言和阅读方面的不足。

5. 男孩的发育比较缓慢，学会爬行、站立和走路都比较晚，他们身体发育的速度通常要到高中时才能追上女孩。

6. 男孩细微动作的协调能力差，手工可能是男孩的弱项。扣纽扣、系鞋带、拿剪刀这样的动作，他们总是显得笨拙。男孩经常会因为书写差而失去信心，家长要多鼓励他们，让他们多拿铅笔或彩色笔涂涂画画，以提高他们的兴趣和信心。

孩子的成长，3 岁是个分水岭

中国有句谚语：3 岁看大，7 岁看老。

这句话并非空谈，科学研究显示，它简单明了地概括了幼儿心理发展的一般规律。从 3 岁孩子的心理特点、个性倾向，就能看出这个孩子青少年时期的心理与个性形象的雏形；而从 7 岁的孩子身上，你能看到他中年以后的成就和功业。

一个孩子在成长的过程中，3—7 岁这段时期的生长发育会影响其一生的发展。身为家长，只有把握好 3—7 岁的黄金期，孩子才会按照其自身的生长发育特点，发挥出潜能，健康成长。只要抓住这一关键时期，在孩子身上多下功夫，多在孩子的教育上投入精力，就能够使孩子的教育取得很好的效果，以保证孩子有一个光辉的未来。

3 岁和 7 岁在古代虽然只是一个概数，但是却已被现代科学证明是非常有道理的。

为证实 3 岁在一个人一生中究竟起到多大作用，1980 年英国伦敦精神病研究所教授卡斯比同伦敦国王学院的精神病学专家们进行了一项别具一格的试验。

研究者以当地 1000 名 3 岁幼儿为研究对象，先是经过一番调查分析，然后将他们分为 5 种类型：充满自信型、良好适应型、沉默寡言型、自我约束型和坐立不安型。到 2003 年，当这些 3 岁孩子都长成了 26 岁的成人时，卡斯比教授再次与他们进行了面谈，并且对他们的朋友和亲戚进行了走访。调查结果显示，这些人成年后的性格与幼年时期相比没什么太大变化，有的甚至和小时候一模一样。

这些3岁幼童的言行竟然准确预示了他们成年后的性格，让卡斯比教授十分惊讶。他对自己的试验结果进行总结，并在2005年发表了报告演说，这一报告在国际育儿学术界引起了轰动，为“3岁看大”的说法提供了强有力的证据。

由此可见，3岁是孩子成长的一个重要阶段，儿童心理专家和教育家们把从出生到3岁这个阶段称为婴幼儿期，这个阶段是儿童生理和心理发育最迅速的时期。另外，他们还发现了下面的成长规律：

1. 性格：孩子成年后的性格基本上在3—7岁时开始定型，7岁之后变化不大；

2. 智商：儿童的脑细胞组织在3岁之前就已经完成60%，这时期的儿童具有很强的吸收能力；

3. 学习：3—7岁是儿童的感觉、记忆和思维的形成过程中最为敏感的时期，这一时期的学习活动将事半功倍；

4. 身高：3—7岁是孩子身高发育最为关键的阶段，这一时期对身高造成的损害将永远无法弥补。

儿童心理专家和教育家们将3—7岁这个阶段称为学前期。所谓“7岁看老”是指在7岁时幼儿的个性倾向开始形成，7岁之后，基本上就难以重新塑造了。当然，一个人的性格到成年又改变的情况也并非完全不可能，但毕竟很少，而且需要耗费巨大的精力去改变，因此，这就要求父母抓好早教，让孩子在起跑线上就具备征战一生的能力和资本。

“望子成龙，望女成凤”是我们所有家长的共同心愿。现在，大多数家长都比较重视早教，但是更多的人只着重于对孩子知识、能力的培养，并没有看到孩子心理模式的发展，也不关注孩子性格的形成过程，致使早教走向了相反的方向，拔苗助长。

现代心理学认为，人的一生是一个完整的心理发展过程。这个过程从出生开始，到去世结束。在这个发展过程中，3—7 岁的心理发展情况尤其重要，它就如一座大厦的基础部分，直接决定了大厦的风格和高矮。父母如果能够抓住这一关键时期，给孩子进行很好的教育，就能够给孩子的人生打下坚实的基础。

此外，脑科学和生命科学的最新研究表明：儿童的脑细胞组织到 3 岁就已经完成了 60%，这时期的儿童具有天才般的吸收能力。出生之后的最初几年是脑发育的关键时期，因此开发大脑潜能必须尽早。我们知道，出生时人脑有 1000 亿个神经元，之后不再增加。刚出生时孩子的大脑共有 50 亿个突触；出生后第一年，突触数目会增加 20 倍；3 岁时大脑大小即是成人的 80%；4 岁时，脑的代谢达到高峰，脑逐渐成熟，对能量的利用也更有效。这一年龄的孩子之所以会不停地动，是因为他们的大脑在不断获得信息，能量消耗比较大，需要的营养比成人要多，身体发育同时也加快。

美国科学家利用“正电子发射计算体层摄影”技术，对幼儿大脑的发育进行扫描观察，发现孩子在出生之后，由于视、听、触觉接受大量的信号刺激，脑神经细胞之间建立联系的速度远远超出了人们的想象。而且研究表明，3 岁以后，大脑的复杂性和丰富性已经基本定型，并且停止了新的信息交流，这时大脑的结构就已经牢固成形。虽然这并不意味着大脑的发育过程已经完全停止，但就如同计算机一样，硬盘已经格式化完毕，就等待编程了。

正因为如此，这一时期的生活经历将会极大地影响大脑神经细胞之间的联系程度。在一个充满忧虑和紧张气氛的家庭里长大的孩子处理问题的能力相对较差，而且很容易被自身的感情压垮。相反，那些生活在充满爱心的环境里的婴儿则会与环境频繁地进行交流，进而促进额叶前部的循环，这样就增加了以后对精神疾病和其他疾病的抵抗力。

不要忽略孩子的性别差异

孩子在3岁前，基本上还没有性别意识。一般情况下，无论男孩还是女孩，都与妈妈的关系最亲密。但从3岁左右开始，孩子有了性别意识，会越来越渴望与异性父母亲密，在约5岁的时候，这一愿望达到顶峰。如果父母的关系稳定而和谐，那么孩子这种亲近异性父母的渴望就会逐渐下降，并最终表现得与同性父母更亲近。

为了孩子的健康成长，3岁以后，男孩要归父亲，女孩要归母亲。

德国家庭治疗大师海灵格对此概括说，他们应该先向异性父母靠拢，并从这一关系中吸纳异性的力量，体会到自己对异性的吸引力，同时体验到异性对他的吸引力。然后，男孩回到男性的世界，成为一个男人，女孩回到女性的世界，成为一个女人。只有这样，他们的心理才更健康，而这个世界，也才更和谐。

山山刚出生的时候，爸爸都帮不上忙，主要是妈妈来照顾他。这个小家伙深深沉浸在妈妈的世界里，妈妈就是他的全部。只要听到妈妈的声音，或者看见妈妈在摇篮边看着他，他眼睛里就像闪出光亮一样，没有什么其他事情能使他这么快乐。他对妈妈露出自己的第一个笑容，发出第一次咿呀声。遇到任何可怕的场景，他都立刻扑向妈妈的怀抱。

在他两岁以前，山山和双胞胎妹妹小小一样喜欢娃娃。他们还喜欢跟着大人一起做饭、拖地板、晾晒衣物。对妈妈所做的一切都感兴趣。看起来，山山似乎比妹妹更离不开妈妈，妹妹都已经学会自己吃饭了，山山还要妈妈喂。

3 岁的时候，爸爸妈妈把山山和小小送进幼儿园。

山山很喜欢幼儿园，因为这里有很多小朋友。这时候山山已经不玩娃娃了，他忙着跟小伙伴们做游戏，小偷游戏、战争游戏……所有运动型的游戏都喜欢。他也喜欢上房揭瓦、下河摸鱼、爬树、满院子追逐，经常弄得伤痕累累的。

为了玩耍，这个小孩起早贪黑，顾不上吃饭，就算跟大树和狗也能玩得忘乎所以，即使在屋里，他也喜欢佯装中弹而跌倒。他在任何时候都喜欢进攻，连小树枝也变成进攻的武器，有一次他还把妹妹的芭比娃娃偷出来当武器，因此遭到爸爸的批评。

七岁的时候，这对双胞胎兄妹上学了。山山在学校也玩得很愉快，但他似乎在学习方面不那么开窍。他读书费劲，写字出错，老师经常因此大声斥责他，恨不能把知识输入他的头脑。不过老师并不知道，这并不是山山的过错——孩子的左半球“阅读管道”通常没有那么畅通。好在爸爸知道这些，他鼓励山山，培养他的自信，教会他独立思考和判断的能力，使山山渐渐找到了学习方向。

山山很有绘画的天赋，很小他就能画出漂亮的玩具小汽车，他觉得画画太有趣了。另外他的物理成绩也很好。爸爸很支持山山发展自己爱好，高中毕业的时候，爸爸建议他报考建筑学专业。这真是一个很棒的选择。山山发现自己在建筑的领域如鱼得水。

在上面这个例子中，山山 3 岁之前完全离不开妈妈，爸爸对他的影响微乎其微。但 3 岁以后，爸爸的角色越来越重要，几乎影响了山山的整个青少年时代。可以说，没有爸爸的帮助和引导，小山山很难成长、成熟起来。

在一个家庭中，爸爸和妈妈一定要摆正位置，做父母的切不可为了“爱孩子”而忽略了孩子的性别差异。实际上，男孩3岁后，更适合交给爸爸来带。这样才能保证孩子阳刚、果断的性格培养，而不会因为母亲的溺爱变得软弱、无主见。

第2章

爸爸男子汉，孩子更坚强

孩子坚强的基因主要来自于父亲，在孩子眼里，爸爸就是一座山，令他们高山仰止。有爸爸在前面做榜样，孩子才会变得更加勇敢，更加坚强。

相信榜样的力量

有一个人非常喜欢喝酒，每天下班后，他都要到附近的酒馆喝几杯，经常喝到半夜才醉醺醺地回家。有一天，天空下起鹅毛大雪，积雪把路铺了厚厚的一层。下班后，他和往常一样向酒馆走去，走着走着，他听到后面发出奇怪的声音。他回头一看，原来是放学的儿子。

儿子正顺着父亲的脚印走过来，他的小脸因为兴奋而涨得通红："爸爸你看，我正在踩着你的脚印呢！这多有趣！"

儿子的话让父亲心头一震。他立刻意识到："如果我去酒馆，儿子顺着我的路走，也会找到酒馆的。"

父亲马上改变了行走的路线，向家的方向走去。从那以后，他改掉了喝酒的习惯，再也没有去酒馆。

在儿童的人格发展过程中，超我（道德化自我）和自我意识的发展是通过对父亲的自居作用（自居作用是弗洛伊德人格学说的经典术语）来实现的。对于男孩来说，自居作用就是通过克服恋母情结度过人格成长的危机，继而效仿父亲，以期将来也成为像父亲那样的人。

这一点足以解释我们刚才所举的例子。在现实生活中我们不难看到，有人格缺陷的父亲所提供的反面教材产生了恶劣的效果。父亲可能没有意识到，你的男孩就像一个永不停息的小雷达，正在专注地观察你的一举一动，并模仿各种被你忽略的琐碎细节。如果你经常酗酒，那么你的儿子可能也是个酒鬼；如果你经常对妻子发火，你的儿子也会脾气粗暴；如果你不尊重你的父母，你的儿子也不会认为自己有必要尊重你。

身教重于言传。父亲的每一个眼神、每一句话、每一个举动都会被孩子收入囊中。如果父亲自己行为不正，又怎么要求孩子呢？丰子恺曾说：“孩子的心灵是最纯洁的，他们是身心全部公开的人，好的教育和坏的教育都很容易接受。父亲是孩子们的第一任老师，因此父亲对孩子们的影响是至关重要的。”

其身正，不令而行；其身不正，虽令不从。在这个问题上，丰子恺也做出了表率。例如他要求孩子做什么都要认认真真，就首先要求自己做到。他写的稿子字迹端正，该涂掉的地方就涂成一片，而不是随手一抹，不会让录排人员因为看不清而出错。他还不许孩子们乱放东西，东西用毕，必须“归原”，因此在他的房中，样样东西都一直放在固定的地方，很容易找到。

这种以身作则会给孩子带来深远的影响。丰一吟后来在《回忆我的父亲丰子恺》中写道：“失去父亲以后，我好比失去了一颗庇护自己的大树，从此必须自己另栽树苗。于是，与外界打交道的机会越来越多了。只有在这个时候，我才体会到父亲对我潜移默化的影响，才认识到父亲的许多优点，才理解到我们从他身上受了哪些教育。”

教育孩子的实质在于教育自己，而自我教育则是父母影响孩子最有力的方法。要想把孩子培养成合格的小男子汉，作为父亲首先就要成为一个顶天立地的人。父亲在孩子自居作用中的突出地位不可小觑，因此父亲应该意识到，自己就是男孩的镜子。如果希望“复制”出让人惊叹的效果，就把自己刻画得精细些。

跟随男子汉爸爸，走进男子汉世界

让一个男孩成为男人，让一个女孩成为女人，这是正常的父母的自然期望。然而，一个男孩要成为真正的男人，无疑是一个漫长的过程。

3—6 岁会打下一个非常关键的基础，但如果男孩想成为有魅力的男人，他们不仅要进入爸爸的世界，还要进入男人的世界，譬如结交众多的同性朋友。

男孩可以不断回到妈妈的世界，但他们首先要有属于男人的世界，与同性的交流——喝茶聊天、饮酒作乐、在俱乐部里消遣、学习充电、集体运动或做其他什么事，这些都可以补充男性的能量，从而保持男性魅力。

事实上，这才是这个世界最和谐、健康的整体关系模式。相反，如果男性总停留在女性的世界，那么不管它具体是怎么回事，都会存在一些问题。

典型的例子，比如唐璜——这个欧洲文学里的花花公子，只是妈妈身边没有长大的儿子,始终没有离开母亲的影响范围。他有很多女性朋友，是希望借此继续停留在女性的世界。需要拥有很多女人，恰恰是深陷在母亲影响范围的一个特性。一个脱离母亲影响的男人，能够在伴侣那儿找到他的所需，使自己成为亲密关系的一方。那些自吹自擂、趾高气扬、飞扬跋扈的看上去好像很有男人味的男人，实际上还只是处在母亲的宝贝儿子阶段。

要改变这一现状，必须重视男孩的早期教育，尤其是 3—6 岁这一关键期。按照精神分析的理论，3—6 岁是“俄狄浦斯期”。通俗的说法就是，男孩会出现恋母倾向且嫉妒父亲，他们都期望取代爸爸而与妈妈建立唯一的关系。在某些家庭里，当母亲和儿子一起嘲笑父亲、看不起父亲时，这就是恋母情结的集中体现。

在这一阶段，如果父母有意无意顺应了孩子的这个愿望，譬如妈妈与儿子建立无比密切的关系，并让儿子知道，妈妈在乎他更甚于在乎爸爸，或父亲与女儿非常亲密，并让女儿相信，爸爸爱她更胜于爱妈妈。那么，孩子就会发展出“俄狄浦斯情结”，一方面，他会过于依赖异性父母，另一方面，他会对同性父母缺乏敬畏并与之疏远。

随着年龄的成长，这样的孩子还会发展出一系列问题，譬如只结交异性朋友而难以融入同性的圈子，甚至还可能发展成同性恋。

若要顺利地度过“俄狄浦斯期”，关键是夫妻关系要和谐而平衡。父母都爱孩子，但他们同时又深深相爱，他们不会因为爱孩子而忽略对配偶的爱。这样一来，孩子就会懂得，尽管异性父母如此爱他，但强大的同性父母才是异性父母最好的伴侣，而他不过是个孩子。于是，他们会安心地做孩子，享受强大的父母给他们的爱，同时，他们努力向同性父母靠拢，知道只有变得像同性父母一样，才能赢得异性父母更多的爱。

这种心理转变，是男孩成为男人和女孩成为女人的基本动力。

3 岁以后，一直到长大成人，是一个男孩走向社会的关键时期，现在引领他们完成这个任务的，不再是妈妈，而是爸爸。

3 岁以前是人形成基本能力的重要时期，父母应该帮宝宝学做一个会吃、会睡、会走、会说的独立人，学做一个适应环境的社会人，让宝宝有更多的机会主动探索环境，而不是强迫宝宝学这学那，让他们失去天真与烂漫。

3—6 岁是人的一生中接受教育的黄金时期。这段时期的教育必须围绕四个基本学习目标——学会认知，学会做事，学会共同生活，学会生存。因此，在这个阶段，家长不应该把重点放在对孩子技能、技巧的培训上，不要过早“定向”，而应充分发掘孩子各方面潜能，引导孩子主动学习。

看，这就是男子汉爸爸

对一个孩子来说，小时候没有妈妈的爱护是非常可怜的，甚至是残忍的。但如果爸爸不在身边，似乎问题就没那么严重。于是，即使对一个健全的家庭来说，在传统的性别文化的驱使下，也常常会出现父亲角色的缺失。

然而，我们很少意识到：父亲的缺席将会给孩子带来深远而难以弥补的影响。

有人这样说："让一个男孩和一个合适的男人在一起，这个男孩就永远不会走上邪路。"十几岁的男孩出现犯罪的倾向，这可能与他在摇篮期就缺少父爱有关。摇篮时期得不到父亲的帮助，婴儿的许多技能发展就会受到限制和影响，导致情绪变化激烈，自我控制缺乏，长大后就会有较多的过失行为和反社会行为，养成比较偏激的人格。反之，如果父亲一开始就同孩子保持积极而密切的关系，孩子就会向健康的人格发展。大卫·斯托普博士在《与爸爸和好吧》一书中也提到婴幼儿时期父亲的作用：

1. 支持母亲；

2. 关心呵护孩子，使孩子能和除母亲之外的另一个人建立亲密关系；

3. 随时在孩子身边，使他可以离开母亲，建立自己的个性；

4. 当孩子对母亲感到愤怒和沮丧时，为孩子提供宣泄情感的"庇护所"；

5. 为孩子认识自己的性别角色奠定基础；

6．孩子安全感的保障；

7．为孩子将来的人际交往打下基础；

8．为孩子树立亲子教育的典范。

如果没有爸爸，男孩的损失实在是太大了。一个男孩绝大多数时间跟母亲在一起，他就不知道怎样做男人，这经常是同性恋现象的先兆。男孩需要将自己心中蕴含的男性力量转化为对成就感的追求，这是一个培养“男子汉气概”的过程。在这一过程中，父亲的影响力要比母亲大得多。父亲可以更好地帮助儿子识别出自己这一性别的特征、使命，理解做男人意味着什么，将儿子从那种模糊的男性意识里“拯救”出来。

从某种意义上说，父爱的缺失是现代家庭面临的最大挑战。父亲角色不同程度的缺失以及反面的影响力往往带来灾难性的后果。需要补充的一点是，如果父子关系处理不当，一些积极的态度有时也会起到相反的作用。父爱是一种权威性的爱，但很多父亲对“权威”的概念容易产生误解。有的父亲对孩子过于严厉，管束、干涉太多，使孩子缺乏与年龄阶段相匹配的自由，导致父子间的对抗情绪。对于儿子的管教，有些父亲采取则简单粗暴的方式，常为一件小事拳脚相加，这样的孩子最容易形成粗暴冷酷的性格，在处理人际关系的矛盾时也很容易发生粗暴的攻击行为，并导致违法犯罪。

恶劣的父子关系，有时候对男孩的影响是毁灭性的。西方对 3452 名死囚调查的结果显示，95% 的人都憎恨他们的父亲。

有个初中二年级的学生，伙同他人多次盗窃某建筑工地装潢用的铝合金材料，并且公然放在家中再联系某废品收购站销赃，其父不仅不及时制止和教育，反而从其儿子身上搜出销赃得来未用尽的钱供自己喝酒赌博用。如果父亲本身就存在不良行为，就更容易引发孩子产生同样的行为。

有关研究表明，父亲的不良行为与子女违法犯罪有密切的关系。如果父亲有赌博、酗酒、暴力犯罪、性生活放纵等恶习，不仅会带给子女消极的父亲形象的印象，引起青少年的情感障碍（长久的消极后果），也会使子女直接受到影响，从而产生各种行为问题，甚至走上违法犯罪的道路。

天才男孩，大多父亲造就

一个男人在社会上的成就大小，与父子关系密切相关。有成就者一般与爸爸的关系亲密；成就较低者则与爸爸的关系较疏远。如果父亲的作用被削弱抵消，孩子就很难真正独立，也难走上健康的人生道路。而那些有杰出成就的天才少年，大多受父亲影响很深。

林则徐最终能够成为“开眼看世界的第一人”，跟他父亲对他的影响是分不开的。这种影响力是一种独特的存在，是任何人都不能替代的。

民族英雄林则徐幼时家境贫寒，父亲林宾日是一位以教书为生的穷秀才，他非常注重对儿子的启蒙教育，经常把儿子抱在膝上，教他读书。林则徐后来回忆说：“每际天寒夜永，破屋三椽，朔风怒号，一灯在壁，长幼以次列坐，诵读于斯。”意思就是说，在冬季寒冷的夜里，北风怒号，在十分简陋的小屋里点一盏油灯，父亲教儿子诵读诗书。

即使在这样恶劣的条件下，父亲也不为金钱所动。一次，一位富豪用重金贿赂林宾日，让其保送自己的孩子上学，父亲严词拒绝。另外一个品行不好的乡绅请他去教自己的儿子，也被一口回绝了。

一天，正在读书的林则徐看见母亲做女红扎了手，就放下书本对母亲说：“您教我做女红吧，我也为家里挣点钱。”母亲听了儿子的话，很认真地回答：“好男儿应该有远大的志向。这不是你要做的事啊！”

“说得好。”林宾日走过来，拿着手中的《宋史·李纲传》说，“做一个好男儿，就得努力读书，向书中的好人学习，比如像这位李纲，说来也是我们的同乡。如果你能像他一样精忠报国，我们就很高兴了。”

父亲对男孩的影响力，在当今社会仍然有效。

有位老板选择男性雇员的标准是这样的：“我注意的首先是那个人和他父亲的关系。只要他得到过他父亲的爱、尊重父亲的权威，那他就有可能成为一名很好的雇员。”他还补充说：“我不会雇佣一位反抗自己父亲的年轻人。他在我这里也会惹麻烦的。”这位老板的标准也许有失偏颇，但却反映了一个不能被忽视的道理：父亲所给予儿子的健全的男性模式作用，无疑是其在今后能够顺利发展的基础和催化剂。

为什么父亲的作用如此重要呢？其实原因很简单。一个男孩约在十二岁时会开始寻找一个男人，作为一生中崇敬与模仿的偶像。在选择偶像时，男孩子有时是不知不觉，有时候甚至会特意地避免，但大部分男孩最后都会发现自己的偶像是父亲。不管做儿子的曾经如何努力让自己的生活方式脱离父亲的模式，最后他总会跟“老头儿”面对面交锋。

美国一位著名的吉他手巴迪·盖伊（Buddy Guy）在一次电台专访中曾经提到被他遗弃的亲生子。他没有抚养过小男孩，一直到儿子进入青春期，他才把孩子接回身边希望两人之间的关系能够亲密一些。小男孩也希望变成一位优秀的吉他手，但巴迪在他生命中的缺席为他带来强烈的痛苦，所以他不想跟巴迪有任何的瓜葛。他努力开创出自己的风格，变成一位当代的摇滚歌手，名声比起他的父亲更是有过之而无不及，这个小男孩也就是大家所熟知的普林斯（Prince）。当他匿名去求教一位吉他老师，希望老师能协助他，教他如何成为最优秀的吉他手时，他的老师告诉他，如果他想要有自己的风格，一定要以吉米·辛瑞克斯（Jimi Hendrix）作为标杆；如果他想要了解、超越辛瑞克斯，他就必须要向对辛瑞克斯影响最大的音乐家学习，这个人就是吉他手巴迪·盖伊。

许多男人发现，即使并非特意（有时甚至有意避免），最后仍会步入父亲的后尘。

杰克在六岁时被父亲遗弃，他的父亲是一个普通的公务员，也是个无足轻重的投机客。杰克决意要过截然不同的生活，他努力鞭策自己，在学校里要做个优等生，拿奖学金上大学，最后进了医学院。以优异的成绩从医学院毕业之后，他进入了一所颇负盛名的医学中心，担任急诊室医师的工作。他用一切来换取事业上的成就，没什么朋友，更不要提社交活动了。

最后杰克结婚了，生了两个儿子。他发现，比起家里的天翻地覆，他还是宁愿去处理急诊室里的混乱，至少工作让他觉得得到回馈。他的同伴尊敬他，他也对自己能拯救别人的生命感到十分欣慰，而这份工作所带来的高薪更是对他的才华最实质的回馈。但当他在家里时，妻子就一再地对他施压，要他多花点儿时间陪陪儿子，他深觉被责难，也感到无比的压力。医学中心最近还让他升了职，这意味着他必须花更多时间在工作上，即使周末也不得休息。他总是来去匆匆，跟妻子、儿子常常连照面的时间都没有。他成功地在这个世界中成为优胜者，有能力供给家里富裕的物质环境，但当他的大儿子刚满六岁时，他开始在自己身上看到父亲的影子，他看到自己被孤立在家庭之外，唯一的差别只是比父亲有钱。

爸爸会让男孩更聪明

在中国民间，流传着一句古老的谚语："3 岁看大 7 岁看老"，这是人们对自身成长的经验总结，在孩子的教育过程中非常值得借鉴。随着科学的发展，大量的事例和实验结果已经越来越应验"3 岁看大，7 岁看老"这句话所含的科学含义。

从儿童心理发展规律和个性的形成与发展来看，婴儿出生 2 周就开始产生心理现象，经过婴儿的第一任老师——母亲的培养教育、家人和环境的影响以及游戏活动等，儿童的心理活动无论从感知的能力、认识活动的萌芽以及思维、情感、意志和行为活动都有了初步的形成与发展，心理学家通过实际资料研究得出：个性的初步萌发是在 3 周岁左右，也就是说，一个人的个性特点健康与否，3 周岁就已奠定了基础。

所以，3 岁看小的道理就在于：从儿童 3 周岁时的心理特点、个性倾向就已能看到长大后的心理与个性形象的影子。但是，3 周岁的儿童，个性尚未完全形成。如果对 3 周岁儿童的个性倾向做一个总结，并进行分析、鉴定，找出个性上的优点，有意地进行培养、发展，再找出个性中的缺陷和弱点，有意识地进行矫正，就可使这些缺陷和弱点被掩盖起来而不显现。这就是通过后天培养、教育，发挥良好的个性特征，克服不良的个性倾向所取得的效果。由此，也充分显示了个性的后天可塑性。但必须指出，这种良好个性的培养以及不良个性的矫正，只有在学龄前期（3—7 周岁）才是最有效的。

无数的事例证明了这一点：一些天才之所成为天才，与其优良的早期教育是分不开的。伟大的德国诗人歌德从小就学习各种外语，10 岁就开始写剧本；大音乐家莫扎特 4 岁开始作曲，10 岁写歌剧《简单的伪装》，14 岁作《密特里特泰》；音乐家贝多芬和海顿都是 13 岁作曲；诗人但丁 7 岁时就给阿特丽斯做恋诗；大学者康德 7 岁时就登上教坛……总之，许多天才人物的发展与其说是由于先天遗传、天赋异禀等因素决定，倒不如说是后天良好的早期教育和早期环境起的作用（当然，更为重要的是这些人自己的努力和勤奋）。

心理学家认为，人的个性特征的初步形成是在学龄前期（个性发展和定型是在青少年时期）。学龄前期所形成的总的心理特征（心理活动的模样）是人的最初的比较鲜明的心理倾向，这时，也开始形成了人的最初的个性特征。这些最初形成的个性特征，在儿童的心理上织出了最初的较为明显的“花纹”。所以，一个人在一生中所表现的个性特点和心理活动的总特征的雏形，一般在 7 周岁已显现。

幼儿不同的年龄阶段有不同的、最佳的学习年龄。根据心理学家的研究，2—3 岁是学习口头语言的关键年龄，也是学习计数能力（口头数数、按物点数、说出总数）的关键年龄。2.5—3.5 岁是学习如何“做规矩”的关键年龄。3—5 岁学习是学习音乐的关键年龄。3—8 岁是学习外语的关键年龄。4—5 岁是学习书面语言和辨认图像的关键年龄。5—6 岁是学习汉语词汇的关键年龄。

3—6 岁的早期教育对儿童的智能发展有重要的影响，从生理角度看，这个阶段大脑发育很快，学习、领悟的能力非常惊人，这个时期如果开发好智能，对孩子的成长将起到重要作用。到了 7 岁，正确地说是到了学龄前，这个时期又是儿童创造力发展的高峰期，大脑发育已经接近成人，因此国内外教育专家都认为这个时期又是开发智能的一个重要期，它直接影响成人后的智能，因此有“七岁看老”的说法。

当然，这只能说明这段时期是要加强教育和引导，否则将来再如何补课，再下大力气，起到的作用只能事倍功半。但世界上一切都处于变化之中，更何况人的变化，至今，人体的许多奥秘还没有解开，也就是说，并非七岁以后的教育不重要，毕竟影响人的成才、发展有外因和内因，如果七岁前的教育有欠缺，只要后期抓紧，特别是自身的努力，成才的机会多的是，大器晚成的例子也很多。

总之，我们既要顺从儿童的天性，加强对其智能的开拓，特别是早期教育，又要尽力创造一个让他发展的外部条件，这样才能让他充分发展自己。当然，性格和品德的培养同样在早期也是重要的，儿童的性格和习惯就像刀刻一样难以磨灭。

早期教育是一门科学，不能胡来，不能随心所欲，要遵循是一定的规律。为此，要注意以下几点：

第一，游戏中发展幼儿的聪明才智。为何？因为游戏是学前儿童最主要的活动，它能引发儿童的兴趣，使他（她）积极参与，不会成为沉重的精神负担。

第二，要循循善诱，启发孩子幼小的心灵，及时解决孩子们提出的问题，对孩子提出的问题，一定要简短、耐心、严肃地回答，多层次地满足他们的好奇心（求知欲）。

第三，用讲故事来扩大儿童的知识领域，用潜移默化的方式让他（她）们懂得什么是好，什么是美，什么是丑；锻炼他们的记忆力；启发他们的想象力，不断扩展他们的知识面。讲故事时要注意根据孩子的身心特点，讲得有感情，切忌成人化。对孩子讲故事不予理睬或讲妖魔鬼怪吓唬孩子都是有害的。

第四，要不断地提高孩子的学习兴趣，不断地激励儿童的学习积极性，不能强迫孩子被动接受，为此一定要与形象教育结合起来。

第五，不断扩大儿童的知识范围，而且要求儿童通过自身的实践活动去了解知识，掌握知识。

第六，通过游戏开发孩子的智力。例如，创造性游戏、体育军事游戏、教学游戏等。

当然，最后一点需要注意的是：家长本身的形象，要注意身教，如果家长本人不好学、懒动脑，喜欢打麻将、看电影，那么，就不可能实施科学的早期教育，因为身教重于言教。

当然，还必须提出的是，什么都有个度，超过了度就会走向反面。一些早教专家认为，在当前这种异乎寻常的早教热背后，一个不容忽视的事实是：由于急功近利的心理在作怪，很多家长走入了误区，对孩子的早期教育普遍缺乏理性。那种以“孩子认多少字、会多少加减法、记多少英语单词”为荣耀的所谓早期教育，完全是本末倒置的。

没有爸爸，也要创造一个出来

当孩子特别小的时候，只要有一个人爱他，他就满足了。但 3 岁大的孩子，会渴望同时拥有爸爸妈妈的完整的爱，也就是说，他既渴望同性父母的爱，也渴望异性父母的爱。“如果少了一个，他会创造出另一个的形象来。”

尤其是单身母亲，在对孩子的教育中，一定要想办法弥补孩子没有爸爸的缺憾。

有这样一个小故事：

一个小孩子问妈妈：“爸爸在哪里啊？为什么还不回家呢？”

妈妈安慰他说：“爸爸爬到了月亮上面，现在正在里面砍树。”

实际上，孩子的爸爸几年前就去世了，是孩子的妈妈亲手埋葬的。她不忍心告诉儿子残酷的真相，于是编织了一个美丽的谎言。

这个谎言让儿子的眼睛亮了起来，虽然住在一个漏雨的破旧的房子里，虽然生活是那么艰辛，但每到夜晚，他就会微笑地看着月亮，有时会自言自语地说一些话，他相信妈妈的话：爸爸在月亮上砍树呢，以后会回来盖一栋漂亮的、不漏水的大房子。

几年后，妈妈也去世了，但孩子坚强地活了下来。尽管已经明白，这只是妈妈编织的一个美丽的谎言。但是，每当遇到挫折与苦难时，他只要抬头仰望月亮，心里总会感觉到一阵暖意，仿佛在高高的天空中，真有一双慈祥的眼睛正热切地注视着自己。再过了几十年，曾经的孩子变成了国内一家大型建筑公司的老板，已经修造了无数的高楼大厦。

这是一个真实的故事。

这个故事表明，父亲并不需要多么成功，多么强大。实际上，在3—6岁的孩子的眼中，父母都是强大的。所以，从这个意义上讲，当事业非常成功的妈妈对儿子说，她爱他爸爸，虽然他爸爸不过是一个再平凡不过的男人。

关系的平衡不在于外在的衡量，而在于内心的情感。3—6岁的孩子，他们没有什么外部评价体系，他们不在乎拥有太多的物质条件，也不会拿这些东西去衡量父母的价值。就算这个年龄段的孩子开始喜欢与别的孩子比较物质条件，那也一定是父母教给他们的。

经常的情形是，一个妻子经常当着儿子的面指责丈夫不能干、挣钱太少，结果儿子就学会了用挣钱多少去衡量一个人的价值。

更要命的是，这样的孩子可能学会和妈妈一起嘲笑爸爸，这不仅会让爸爸受伤害，也会让这个孩子看不起爸爸，从而不愿意向爸爸认同，最终就表现成不愿意向男性认同，并在以后成长中出现一系列的问题。

表面上亲妈妈，实际更崇拜爸爸

很多妈妈担心，过早地把孩子交给爸爸带，会造成孩子和妈妈的感情疏远，甚至只和爸爸亲，不和妈妈亲。其实这种担心大可不必，因为孩子天生知道，自己是爸爸妈妈的结晶，所以，他自然有一种维护爸爸和妈妈的关系的倾向。

孩子在 3—6 岁的时候，他会渴望亲近妈妈甚至会嫉妒爸爸。但是，如果妈妈有意无意地利用孩子这一心理特点，而与孩子建立亲密的关系，并使孩子看起来真的疏远了爸爸，那么孩子会下意识地去做一些事情，譬如学习爸爸的一些特征，以表示自己仍然是爸爸的孩子。

在中国传统文化中，最典型的一种现象就是，妈妈是家里强势的一方，儿子表面上追随她，并在表面上拒绝自己的爸爸，但他私底下却效仿爸爸。并且，他们并没有意识到自己在做什么。比如，下面这个例子就非常典型：

小俊的爸爸是个酒鬼，他妈妈对这一点深恶痛绝。两人离婚后，她拒绝让前夫见儿子，理由是怕儿子学他嗜酒。小俊同意妈妈的看法，他的确很少见爸爸，而且表现得也很鄙弃爸爸。但等上了大学后，酒对小俊有不可思议的吸引力，他无法克制住自己想喝酒的冲动，经常喝得烂醉如泥。每次妈妈斥责他，小俊也总是懊悔不已，但他就是无法克制。

其实，小俊嗜酒的原因非常简单：他内心无比渴望对爸爸的认同，嗜酒是爸爸最明显的特点，所以他就以嗜酒的方式表明他还是爸爸的儿子。

作为孩子的妈妈，千万不能阻止儿子与爸爸交往，因为这等于是让孩子相信他不是爸爸的儿子。但所有的心理问题都源自对真相的扭曲，这在亲子关系上也不例外。正如上面这个例子，小俊在意识上越否认爸爸，他潜意识中就越会向爸爸认同。

最后，小俊的妈妈允许儿子和爸爸来往，而她也让小俊懂得首先接受自己的爸爸是个酒鬼这个事实，并且明白嗜酒是爸爸的事，他不用去管，但他能管自己。等小俊真正领悟到这一点后，他就自然而然地不再嗜酒了。

像这样的例子还有很多：

小谭从小和妈妈关系亲密，而且和妈妈一样瞧不起软弱的爸爸，但聪明能干的他却继承了爸爸一个最让妈妈反感的特征：拖沓。和小俊一样，他以这种方式表达对父亲的忠诚。

这也是一种逃脱。

儿子与妈妈黏在一起的结果对谁都不利。儿子似乎是最亲妈妈，但他一定会有种种异常，以表现出对妈妈的背叛，譬如小俊的嗜酒和小谭的拖沓，都是在表达对妈妈的逃避，没有人是“恋母情结”的胜利者。其实，作为妈妈，如果一味迎合儿子在俄狄浦斯期的渴望，从而与儿子结成非常亲密的关系，其实就是在滥用儿子对她的忠诚。这不仅会破坏儿子与爸爸的关系，也会阻碍儿子与未来伴侣的关系。

做成功的爸爸，需要高情商

做男孩的爸爸，是一种人生的挑战。没有高情商，还真没法胜任这项工作。

首先，作为父亲，你需要以身作则，为男孩做出人生的榜样；你还需要在潜移默化间，将男子汉的气概传输给你的男孩……男孩们更喜欢什么样的父亲？如何才能做好男孩的父亲？如何增进父亲与男孩之间的感情？这一系列问题，都需要你一一解决。

男孩和女孩是不同的。在婴儿期和学步期，年幼的男孩沐浴在母亲女性的温柔怀抱中。那时父爱是重要的，而母爱是首要的。但是，再过3至5年，小男孩便开始故意和妈妈拉开距离，而努力去建立一种男性身份。

一个刚刚读小学一年级的小男孩，常常有意识地模仿爸爸的男性风格特点。在一家人乘车外出时，小男孩经常会热情地招呼爸爸："爸爸，快来，我们男的坐前排，女的坐后排。"在这个事例中，小男孩就是想让别人知道：他是像爸爸一样的男人。这就是他在刻意地模仿爸爸的动作行为和男性风格。

其实，对于男孩来讲，父亲的影响远不止这些。一位老板曾这样表述他选择男性雇员的标准："我注意的首先是那个人和他父亲的关系。只要他得到过父亲的爱、尊重父亲的权威，那这个人就有可能成为一名很好的雇员。"他还补充说："我不会雇佣一位反抗自己父亲的年轻人。他在我这里也会惹麻烦的。"

这位老板的选人标准也许有失偏颇，但却反映出了一个不能被忽视的道理：父亲所给予儿子的健全的男性作风模式，无疑是其在今后能够顺利发展的基础和推动剂。既然父亲对男孩的影响如此巨大，那么，做父亲的该如何用自己的爱培养出了不起的男子汉呢？

一、爸爸必须以身作则，给男孩做出榜样

如果你经常酗酒，那么你的儿子可能也会成为酒鬼。

如果你经常对妻子发火，你的儿子也会脾气粗暴。

如果你不尊重你的父母，你的儿子也不会认为自己有必要尊重你。

身教重于言传。父亲的每一个眼神、每一句话、每一个举动都会被男孩收入眼中、心中。如果父亲自己行为不端，又怎么要求孩子不出差错？

教育孩子的实质在于教育自己，而自我教育则是父母影响孩子最有力的方法。要想把儿子培养成合格的男子汉，作为父亲首先就要成为一个顶天立地的男人。父亲应该意识到，自己就是男孩的摹版，如果希望“复制”出让人惊叹的效果，就必须把自己刻画得精细些。

二、既要注重身教又要注重言传

作为父亲，你在生活中努力扮演着榜样的角色，同时，你还希望自己的儿子能像那些优秀的成功人士一样，具备一切优秀的品质：诚实、乐观、积极向上、有头脑、有能力……

但是，父亲的这些“希望”并不是很轻易就能够实现的。对于父亲而言，“身教言传”不仅是一种责任，更是最适合小男孩的教育手段。要知道，男孩是尚在接受培训的男人，他们出于本能的行为习惯需要父亲的循循善诱。同时，与男孩交流，用语言把调皮、不懂事的男孩教育好，也是一门深奥的学问。

小志开始住校了，父亲和他约定，每个月月初给他寄500元钱作为

一个月的生活费。

小志还是头一次掌管这么多钱。最初的一个月，他完全没有节约的观念，三天两头跟同学朋友在餐馆挥霍。结果一个月还没有过完，他口袋里的钱就所剩无几了。小志没有办法，只好向父亲求援。父亲容忍了他的做法，提前把第二个月的生活费寄了过来。

然而小志并不觉得自己有什么不对。第二个月刚过了一半，他就预支了第三个月的钱，然后在第三个月开始不久就捉襟见肘。于是小志只好打电话回家："爸爸，我饿坏了。能把下个月的生活费给我吗？"

"孩子，饿着吧。"这一次，爸爸很干脆地拒绝了，没有任何商量的余地。

生活真是太奇妙了。在那之后只有50元钱的半个月里，小志绞尽脑汁节衣缩食，居然也熬过来了。从那以后，小志学会了精打细算……

也许小志的父亲并不在乎儿子一个月多花几百元的生活费；也许小志的父亲在儿子很小的时候，就有意识地做儿子"勤俭节约"的榜样……但是，任何一种可能都没有他的那句"孩子，饿着吧"所起的作用大。这句话让小志学到了很多：节约、做事有计划、自立……或许还有更多。

由此可见，"言传"与"身教"相结合，对男孩的教育才是最有效果的。

三、父亲对男孩要多一些宽容

男孩总有一些让父亲气得怒火冲天的办法。他会把最好的雨具扔到一边，而自己却在淋雨的过程中玩得不亦乐乎；他会把眼镜弄丢，把照相机掉在地上；他常常会扮演冒失鬼、不负责任、调皮捣蛋的角色……

面对这些情况，父亲不应该有太多抱怨，因为你也做过男孩，也曾经使自己的父亲气得发疯过，所以你最好的选择就是：对小"捣蛋鬼"

宽容一点。

著名画家达·芬奇的父亲彼特罗培养孩子的信条是：给孩子最大的自由，让孩子发展自己的兴趣。

6 岁那年，达·芬奇上学了，在学校里学了很多知识，但对绘画最感兴趣。一天，他上课不专心听讲，还给老师画了一幅速写。老师很生气，把达·芬奇的父亲请到学校，让他好好教育调皮的儿子。

回到家后，父亲不仅没有生气，反而夸奖达·芬奇画得很好，并决定培养他在绘画这方面的能力。16 岁那年，父亲把达·芬奇带到画家维罗奇奥那里学画画。在维罗奇奥的指导下，达·芬奇刻苦学习，掌握了很多绘画技巧，终于成为一代大画家。

如果彼特罗先生从儿子的学校回来之后，不是鼓励儿子，而是“赏”儿子一顿打骂，也许一位天才的画家就会这样消失。

因此，那些总是抱怨孩子不听话、不上进、不成才的父亲，你是不是也应该反省一下，你是如何教育孩子的？你是不是能容忍孩子的一点点错误呢？其实，男孩并不是不懂事，当他做错事情时，你没有批评他，而是原谅他、鼓励他，他往往会努力改正自己的缺点、错误，以回报你的宽容。

但是，父亲也应注意，对孩子的宽容要有一个“度”，要在孩子意识到自己错误的基础上宽容他。如果对孩子所有的错误都一味宽容，那便成了纵容孩子犯错误，从而使教育的结果事与愿违。

第3章

让孩子接受挫折教育

孩子不应该是温室里的花朵，他们应该早一点接受暴风雨的洗礼。挫折教育对孩子来说，是一堂不可或缺的课。

孩子跌倒了，让他自己爬起来

人生，有成功的高潮，也有失败的低谷，正如一位哲人所说："人生没有永远的赢，也没有永远的输，而人的抗压能力，往往是在失败中锻造出来的。"

对于一个人来说，经历的挫折越多，他往往越坚强、越有韧性；对于那些不谙世事的男孩来说，父母越早对他进行挫折教育，他的心智就会越早成熟起来。

剑桥男孩夏杨的母亲杨文在她的《和儿子一块成长》一书中这样写道：

夏杨小时候，有一次朋友之间家庭聚会，我无意听到夏杨在对一个跌倒了的小朋友说："摔倒了，要自己爬起来，是你自己不小心嘛！对不对？"

如此小的男孩，竟以"小大人"的口气开导摔倒的同伴，我们可以明显地看出，这个小男孩的心智要比同龄人成熟很多。那他的父母是如何对他进行教育的呢?

杨文在她的书中这样写道：

夏杨小时候摔倒了，只要我们确定他是安全的，一般我和他爸爸都会冷处理，告诉他："是你自己不小心，下次要注意了。"能自己站起来，就不去扶他。后来，在路上他自己摔倒了，我们就在旁边看着，他自己站起来之后也不哭，显示出自己很勇敢。

作为家长，夏杨父母的教子态度是明智和负责任的。每个人的路都需要自己来走，任何一个父母都不可能陪伴孩子一生。因此，让孩子尽早学会面对挫折，才是父母最明智的教育方式。

然而，在现实生活中，很多父母往往没有意识到这一点。可以这样毫不夸张地说，在孩子成长的道路上，他们亲手给孩子挖了一口口温柔的陷阱：

男孩摔倒了，父母马上把孩子扶起来，并且很细心地安慰："宝贝，摔疼了吗？都怪地，让宝宝摔倒了，妈妈打它！"

虽然男孩已经有好几款超人变形金刚，但是这个不懂事的小男孩，看到超市更加高级的变形金刚还是想要，而且还表现出不给买就不走的架势。父母无奈，只好服从儿子的要求。

……

"过分溺爱""无条件地服从""向孩子的要挟屈服"……这些都是父母无意间给孩子挖的"温柔的陷阱"。父母的错误引导，往往会使孩子走进成长道路上的误区：

孩子摔倒了，家长马上去扶，孩子便会产生一种理所当然的想法，反正摔倒了有爸爸妈妈呢，于是他们往往会不计后果地去走路；无条件地服从孩子的所有要求，孩子从小便体会不到什么叫"挫败"，当他们真正遇到挫折时，便会表现出甚于常人的痛苦；孩子一"要挟"，父母便"屈服"，这往往给了孩子这样一种暗示：只要使用"手段"，任何目的都是可以达到的。

任何一个人都有沮丧、失落的时刻，你的宝贝儿子也不例外。他的考试可能会失利，他的要求可能会得不到满足，他的努力可能得不到回报，他的真情可能会被无情伤害……这些时刻，无论父母多么爱孩子，都不可能代替他去经历失败的痛苦。

在这个充满竞争的时代，几乎每个人都在学习“赢”的学问，做父母的从小灌输给孩子的教育，也是如何获得成功的技巧和决心。但是，没有任何人一生都不会经历挫败。因此，只有在男孩小的时候，父母就对他进行“挫折教育”，告诉他“跌倒了，自己勇敢地爬起来”，孩子才能以勇敢、坚强的态度去面对挫折，并以积极、乐观的想法去战胜困难。

爱孩子，就让他多受点挫折

挫折让孩子更快成长。亲爱的父母，请放开手，让孩子去经历他们应该经历的一切！

方法一：父母要树立挫折教育意识

许多父母都认为，幼小的孩子心理承受能力差，挫折会让孩子感到痛苦和紧张，不应该让孩子遭受太多的挫折。而事实证明，这种观念是极其错误的。

研究证明，一个人受点挫折，尤其是成长早期受一些挫折，很有好处。

孩子从小就知道什么叫失败，长大之后便能正确地看待失败；

孩子从小就在困难中摸爬滚打，长大之后，他才不会惧怕困难；

孩子从小便与挫折较量，不管结果如何，这种较量会让孩子的思维更活跃、应变更灵活、行动更敏捷……

因此，家长应该正确看待挫折教育的价值，把它看成是磨炼意志、提高适应力的好方法。

当然，如果父母一味地把挫折教育看成是吃苦教育，也是片面的。

事实上，挫折教育的目的是让孩子在体验中学会面对挫折并战胜挫折，培养孩子的一种耐挫折能力。它不仅包括吃苦教育、生存教育、社会教育、心理教育，也包括独立、勇气、意志及心理承受力等方面的培养。挫折教育的内容是多方面的，它的目的不只是让孩子吃点苦、受点挫折，而是时时的、潜移默化的从各方面着手培养孩子的抗挫折能力和耐挫折能力。

方法二：让你的小男子汉感受并读懂挫折

在独生子女时代，每个孩子都强调“我”，不管什么东西，只要是自己想要的就大声要求，而有的父母也不管合理与否，就满足这种要求。

父母的这一做法是十分不科学的。这个世界不是为某一个人而创设的，总有顺心和不顺心的时候，所以平时父母要“狠心”一点，适当的时候藏起一半的爱。孩子不顺心的时候要顺其自然，不要替孩子遮挡一切风雨，让孩子受不得半点委屈。只有让他在遇到的委屈中，体验挫折的滋味，他的抗挫能力才会慢慢增强。

一位父亲对儿子的教育投资可谓是倾其所有，什么益智玩具、各种类型的图书，只要孩子要求，他都会毫不吝啬地拿出自己的钱包。但是，有一次他却故意让儿子失望了。

6 岁的儿子跟爸爸一块去购物。在玩具柜台儿子选中了一款机器人，然后站在收款台前笑眯眯地看着爸爸，等着爸爸给他付款，因为以前爸爸总会很高兴地夸他，同意他的选择。但这一次，爸爸却故意告诉他没有带够钱，并以他已经有一款相似的玩具为理由拒绝了儿子的要求。儿子很失望。

回到家后，妈妈问起儿子不高兴的原因时，爸爸很严肃地说：“我们必须让孩子知道，人生不是所有的愿望都会得到满足的。”

是的，人生不尽如人意十之八九，没有淋过雨的孩子，怎么经受得住人生的狂涛巨浪？这位爸爸的做法可谓用心良苦，相信这个孩子童年时代对“挫折”的感受和领悟，必定会成为他健康成长的“防弹衣”。

另外，父母有意对孩子进行挫折教育，还可以把自己事业和家庭生活中遇到的挫折和不如意告诉孩子，让孩子对挫折有一个全面的认识，为孩子正确对待各种挫折和不如意树立榜样。在这种情况下，父母对生活的热爱、执着、不怕困难的态度和坚强的意志，就是孩子面对挫折时最强有力的精神支柱。

方法三：鼓励逆境中的男孩

在逆境中，很多男孩都容易产生消极反应，他们往往会垂头丧气，甚至采取退避的方式回应逆境。这是做家长的最不愿意看到的现象，因此在这时，家长最需要做的就是：用你的鼓励，让男孩走出逆境。

例如，当孩子登山怕高、怕摔跤时，就应该鼓励孩子说：“别怕，你行的！摔一跤算什么？”“你真勇敢！”当孩子一次次战胜困难时，他便会增添勇气，激起战胜困难的愿望，害怕的心理就会消失，自信心就会增强，这时孩子会认为自己行，自己可以克服困难，抗挫折能力也就培养起来了。

美国的儿童心理学家还教给家长们一个叫作“3C”的办法，来帮助孩子们渡过困境。这个“3C”是指Control（调整），Challenge（挑战）和Commitment（承诺）。

“调整”指的是一种心理上、情绪上的调整，是为了帮助孩子认识到困难并不等于绝境。例如，男孩在数学比赛中失败了，做父母的可以这样“调整”孩子的心态：“我知道考得不好你心里很难受，但你的其他课程考得非常不错呀。”

“挑战”指的是给孩子一种心理挑战，让他学会在不高兴的事情中看到快乐的一面。例如，家长可以继续这样安慰伤心的男孩：“一次考试不好，心里确实不好受。但妈妈知道你是一个上进的人，不管在什么考试中，你都会试图考得更好，妈妈相信你在下次的数学考试中一定能取得好成绩。”

“承诺”指的是用承诺的方式帮助孩子看到生活更为广大的目的和

意义。例如，同样这个事例，家长可以这样说：“你觉得考得不好让妈妈很失望，但其实，妈妈一直是以你为荣的。不管你考得怎样，只要你认真去考了，妈妈都为你感到骄傲。”

通过调整、挑战和承诺，男孩的心理肯定会来一个180度大转弯：由失落、伤心变为激动、充满动力。事实上，家长鼓励孩子克服困难和挫折的关键，就是对孩子的努力行为做出正确的评价，让孩子能够正确评价自己的行为和结果之间的关系。

方法四：面对男孩的失败，家长可以“袖手旁观”

一位男孩的父亲是一名优秀教师，谈起对待孩子的失败，他说：“我的儿子也有成绩不好的时候，很多时候我会鼓励他，但是更多的时候，我会‘袖手旁观’。因为只有让他经受点挫折，让他自己从失败中走出来，他才会真正具备克服困难的韧性和耐力。”

而事实也正是如此：这个小男孩在一次竞选中落选了，他觉得很没面子。因为是同事，他的爸爸和他的老师们很熟悉。按常理爸爸可以试着去跟老师说说，给孩子补个什么职务，照顾照顾他的“面子”。但这位父亲没有这样做，他对儿子说：“想做班干部，只有通过自己的努力去赢得同学们的认可才行。”

这个小男孩在这次“挫折教育”中受益匪浅，他在日记中这样写道：这次竞选失败让我看到了自己的缺点，以后我一定会正视自己的这些缺点，并努力做到更好。这次失败让我成长很多……

对于孩子来讲，没有永远的“失败”，偶尔的“失败”也不是一件坏事，只有在失败后再站起来的人才是真正的强者。因此，父母要想真正地帮孩子，在他失败后，不妨多“袖手旁观”几次，让你的小男子汉经受抗挫能力的锻炼，使他积累一些学会赢的经验。

未来男子汉长什么样

“需要帮助吗？”

一位女士到外地出差，途中不小心摔伤了脚。眼看返程的火车就要开始检票了，女士看着手中那只没有轮子的大旅行箱犯了难。

“需要帮助吗？”这时，一个关切的声音在女士耳边响起。

她抬头一看，原来是刚才乘坐的出租车的司机。司机是个非常年轻的小伙子，有些黑瘦，刚才在车上，他曾经主动跟女士聊天，谈到了对一些问题的看法，让她觉得这个小伙子踏实、肯干，颇有一些见地。原来，刚才这个小伙子觉得乘客大姐行动不方便，还拿着这么重的行李，心里有些担心，想给予帮助，但又觉得大姐可能有其他的朋友，思来想去，最后还是不放心，索性买了张站台票，进来看一看。

“大姐，您坐哪一个车厢？”

“2 车厢 27 号。”女士回答。

小伙子二话没说，一手拎起女士的大箱子，另一只手扶住女士，把她送到座位上，又把行李放得妥妥当当。列车马上就要出站了，女士还来不及道谢，小伙子已经礼貌地道声“再见”，穿行在熙熙攘攘的人群中很快不见了。

“需要帮助吗？”一句简单的问候，让女士心里倍感温暖。多么可爱的年轻人！如果人人都像这个小伙子，少一些冷漠，多一些无私的帮助，我们的生活一定会变得更加和谐、幸福……女士想到 4 岁的儿子，多么希望儿子将来也拥有小伙子这样优秀的品质啊！虽然这位女士平时很注意儿子的教育，把儿子的心理健康发展摆在重要的位置，但她还是暗下决心，要把儿子培养成更为出色、拥有更多优秀品质、更充实的小男子汉。此刻，女士想起她在一本杂志上读到的故事，故事的题目是《最后一课》：

一位哲学家带着他的弟子来到郊外的一片旷野里，准备给弟子们上最后一课。在这里，哲学家问弟子：如何除去周围长满的杂草？

弟子们陷入沉思，他们给出了各种答案，有的说用铲子铲草，有的说用火烧，有的建议在草上撒上石灰，还有的说要斩草除根，只要把根挖出来就行了。

哲学家听完后，站起身说：“课就上到这里，你们回去后，用各自的方法除去一片杂草，一年后，再来这里相聚吧。”

一年后，弟子们都来了，他们惊讶地看着眼前的一幕：原来的旷野已不再是杂草丛生，而是变成了一片长满谷子的庄稼地。弟子们终于明白了哲学家的“最后一课”：要想除掉旷野里的杂草，方法只有一种，那就是在地里种庄稼。

同样，要想让灵魂无纷扰，唯一的方法就是用美德去占据它。

3 岁的小男孩是如此活泼好动、喜欢冒险、具有破坏力、喜欢当英雄……他简直就是一台停不下来的小“捣蛋机器”，可是他渴望成为一个男子汉。他知道帮妈妈做家务、爱护小朋友，他在尽可能地做着他认为正确的事，虽然在很多情况下，他还没有成熟的判断力，会为了一个皮球跟小伙伴打架。可是妈妈知道他需要帮助，他需要学会把自己乱蓬蓬的头发梳得整齐。帮助这个小男孩，就必须让那些可贵的品质占据他的大脑，高尚的人格是立身之本。是的，妈妈希望这些品质成为儿子生命中的一部分，当儿子碰到问题的时候，潜意识就会对自己说：“这是我应该做的！”

男孩跟爸爸学什么

社会对男人的期望值非常高，这给他们造成了巨大的压力。这种现象的原因在于：男人就是一片天，是一个家庭的天，是父母、妻子、孩子的天；是一个社会组织或团体的天，是下属的天。作为天，就要有保护一切、统驭一切的能力。

所以，一个男人要想肩负起一切，必须能吃苦、勇敢、坚韧、独立、有责任感、真诚坦率、机智果断。作为父亲，要把男孩培养成这样的男子汉，一定要让他们多经历风雨，多去实践，摔倒了自己爬起来，失败了重新再来。

性别给了男人巨大的能量，因此，父母不要奢望把儿子教育得多听话、多乖巧、多温顺，而应根据男孩的天性给予他们正确的教育和引导。

男儿如石，让他们多受点穷，吃些苦，才能磨炼他们的意志，锻炼他们的能力。男儿需要独立，让他们独立思考，独立决策，才能摆脱依赖；给他们独立成长的空间，才能让他们学会按照一定的方式获得信息，尊重他人。

父母作为坚强的后盾及精神的指引者，永远在儿子的身后给予他最多支持与信任，越早放手孩子的父母对他们的爱越多。什么都为孩子承担的父母是不负责任的，因为他们在不经意间剥夺了孩子成长的权利，当孩子有一天必须要独自面对生活的时候，这种爱就成了影响他们独立的杀手。

对于每个男孩子来说，无论是成长还是成熟，都需要自立自强，需要承担更多的责任，需要面对更大的困难，需要不懈的自我奋斗，可以说，成功男人的成长和成熟是一个不断挑战自我、艰苦奋斗的过程。

如果没有这样一个过程，男孩极易养成挥霍的习惯，贪图享受，懦弱无能，不负责任，不知人间真情。就像有的城市小学生听说农村有孩子吃不饱饭，竟吃惊地问："饿了为什么不吃巧克力？"这不禁让人想起历史上的痴呆皇帝晋惠帝，天下荒乱，百姓饥饿，他说的话就是："何不食肉糜？"这样的男孩日后怎能面对生活的考验。他们迟早会被社会所淘汰。

古话说："艰难困苦，玉汝于成。"男孩要成才，不回避"艰难困苦"，方能"玉汝于成"。让男孩过早地亲近"富"，远避"穷"，看似爱之，实则害之。所以，一定要让男孩在必要的"穷"和"苦"中得到锤炼，懂得以艰苦奋斗为荣，以骄奢淫逸为耻。

香港特别行政区原首席行政长官董建华是世界船王董浩云的儿子。董浩云是香港屈指可数的大富豪之一，他对孩子要求十分严格，从不娇生惯养。

董建华理解父亲的苦心，他读书时，过着十分简朴的生活，每天乘公交车往返于校园和住所之间，潜心于学业，从来不因为自己是船王的儿子就觉得与众不同。

董建华毕业以后，大家都认为董浩云会安排儿子到国外去深造，或是在家族企业中执掌大权，但让人吃惊的是，他竟然安排儿子进入了美国通用汽车公司当一名普通职员。他对儿子说："小华，我不怀疑你是个有理想的人，但我担心你的刻苦精神不够，你不要想到自己有依靠，你必须自己主动去找苦吃，磨炼自己的意志，接受生活对你的种种挑战，并战胜它。”

董建华听从了父亲的话，在美国勤勤恳恳地干了四年，不仅学到了先进的管理经验，还学会了为人处世之道，培养了吃苦耐劳的精神，为以后的事业打下了坚实的基础。

由此可见，作为世界巨富的董浩云，深谙对男孩的培养之道，也最终养育出了非常优秀的儿子。一个聪明的父亲，应该减少对男孩的娇生惯养、包办代替，让男孩从小多一些经历、多一些锻炼，培养他们坚韧、顽强的性格。

具体来说，可以从以下几个方面着手：

一、让男孩过点“苦日子”

优裕的物质生活是葬送孩子的第一杀手。有人戏称，孩子拥有大量的钱财，除了带来享乐、好逸恶劳、攀比之心外，还买回了囚车和监牢。

经济腾飞了，腰包鼓起来的家长们将钱用在培养子女上，这本无可厚非，可以给他们创造良好的学习条件、环境，但绝不能给他们太过奢侈的物质享受。或者把钱存起来，等儿子长大，有了正常的金钱观后再给他也不迟。

为了儿子的积极奋进，为了儿子养成勤俭节约的美德，为了儿子不饱暖思坏，还是让他过点“穷日子”为好。

二、让男孩体验挫折感

温室里的花朵承受不了狂风暴雨的侵袭。“含在嘴里怕化，捧在手里怕摔”的爱子观，会促使男孩意志不坚强，心理承受力差，稍遇不顺心或挫折就走极端。

挫折会激发男孩勇敢无畏的精神，积极面对遇到的困难。作为父母，就必须让儿子遭遇“挫折”，鼓励其克服并战胜它。

三、让男孩学会独立生活

“衣来伸手，饭来张口”“万事包办”，这是育人大忌。很多大学生不会做饭、不会洗衣、不会叠被，这简直不可思议。这样的男人能接受社会的各种挑战吗？能有创造力吗？所以，父母要尽快从儿童时起，教会并让他们独立承担力所能及的事。生活自理、会做家务、独立办事是人之必然！

四、让男孩适当受点委屈

男孩子必须要学会坚强。适当地受点委屈，就会对生活有更深刻的认识。儿子做错了事，家长给予适当的批评和惩罚是必要的，哪怕他受点委屈，也不乏是育人的一种策略。这样的孩子，领略过多种情感体验后，逆反心理少、心理承受力强、心理健康，易成大事。

培养男子汉，爸爸首先要做男子汉

很多人都有这样的疑惑，作为一名父亲，该如何让自己的儿子变得坚强，成为一名真正的男子汉呢？也许你会说这很容易，当儿子遇到遇到难题和障碍时，只需要这样鼓励他们："儿子，坚强点，想办法去战胜困难！"

没错，这也是很多爸爸推崇的做法。但事实上，仅仅口头上的鼓励往往收效甚微，有时候甚至丝毫不起作用。下面这个8岁小男孩的故事，也许能给你一些启发：

在一次长跑比赛中，小男孩因为膝盖受伤而哭泣，孩子的爸爸马上过去安慰他："小男子汉，坚强一点，涂上药两天就会好。"但这个小男孩似乎对爸爸的安慰并不领情，他边哭边小声地说了一句："虚伪！"

爸爸很惊奇，孩子为什么会这样说呢？

等男孩的情绪稳定一些，爸爸笑着问他："你觉得我很虚伪是吗？"

"你们大人都很虚伪！"男孩低着头，非常小声地说，从他的语气中，能听得出这是他的心里话。看爸爸并没有批评他的意思，男孩继续说："每次我受伤或遇到困难，你都告诉我要坚强，但你自己一遇到难题就垂头丧气，而且还总是放弃。每个人在遇到困难时都不会坚强，为什么你们总是强迫我们小孩子去坚强呢？"

是的，要把儿子培养成男子汉，爸爸首先要做男子汉。如果在平时的生活中爸爸自己做不到坚强，但却教育儿子去坚强，那爸爸对男孩的这种教育往往就会适得其反。

就像上面故事中的这种情况，由于爸爸在日常生活中遇到困难经常会放弃，所以当爸爸告诉男孩要坚强时，男孩就会觉得大人都很虚伪。在这种情况下，爸爸对男孩的任何教育都将是无效的。

不但如此，爸爸的这种言行不一致的教育还会使男孩产生这样的错觉：每个人遇到困难都会退缩，“坚强”只是大人用来骗小孩子的谎言。在这种错觉的影响下，即使困难非常小，男孩也会无限地把它扩大。因此，在这种状态下，男孩是很难做到坚强的。

然而，爸爸究竟该怎么做，才会给男孩以积极的影响呢？

有一位爸爸就处理得非常明智，也非常有效。下面是他的经验分享：

不管是在生活中还是工作中，遇到难题或障碍，我都会努力做到“三不”：

不沮丧；

不惊慌；

不退缩。

举个例子来说：有一次，我们全家人开车回老家，但在半路上车却坏了。当时我们正在高速路上，人生地不熟，而且那天天气非常冷，我如实地把我们的处境告诉了妻子和儿子。妻子十分沮丧，一脸着急地抱怨：“这种鬼天气，在高速路上是很容易出事的。”听妈妈这样说，5岁的儿子害怕地哭了起来。但我既没有沮丧，也没惊慌失措，而是一边安慰大家，一边平静地指挥大家把车子推到一个相对比较安全的地方，然后又打电话向附近的朋友求救。1个小时之后，朋友带着车辆维修师傅赶到了，我们全家人终于顺利脱险了。

开车出游，车子却坏在人生地不熟的高速路上，这对于任何人来说都是非常大的一个困难。在这种情况下，大多数人都会不知所措，甚至是绝望、放弃。但案例中的这位爸爸却表现得异常冷静和坚强。对于这个5岁的小男孩来说，也许日后他经常还会想起这件事情，但给他留下深刻印象的并不是被困在高速路上的这件事，而是爸爸所表现出的冷静和坚强。

家长们可以这样想一下，如果每次遇到困难，男孩都会经历爸爸的这种言传身教，那将来男孩自己去面对困难时，他能不坚强吗？

所以，要想男孩变得坚强，爸爸首先要给男孩做出坚强的榜样。如果你不知道这个坚强的榜样如何做，那你不妨学习一下上述案例中那位爸爸的三不做法：

不沮丧；

不惊慌；

不退缩。

怎样做一个“模范爸爸”

在男孩的成长过程中，父亲的行为对孩子的影响是非比寻常的。可以说，父亲的任何行为对孩子都起着一种示范作用，能让孩子学习如何处理身边的各种事情。

孩子在青春期与成人期所拥有的问题解决策略，甚至可以直接追溯到他与父亲在游乐场或家中阁楼里的相处情形。研究者发现，有暴力倾向、对社会也不认同的年轻人，他们的父亲可能习惯愤怒，比如说，当男孩在发脾气时就父亲们会吼回去。

男孩会观察父亲在婚姻、家庭以及职场上处理冲突、提供合作或作为伙伴等的做法，在他日后的生活中，男孩会对于父亲所说的、所做的都谨记在心，其中身教的部分将重于言教。如果一个父亲可以做到在情感上正直、直率、体贴，并愿意以弹性的方式对待孩子，则他的孩子也会依循相似的模式。一个向来崇尚成就与力量，让自己与现实保持距离的父亲，也会将这些传袭给儿子，让孩子的世界充满正能量的情绪与体验。

当父亲与孩子一同打网球，儿子球发坏了时，父亲会怎么做？是立刻破口大骂，还是一个箭步冲上去教男孩发球？

当他们一起制作一个工艺品时，儿子掉了件工艺品或搞坏了零件，父亲是耸耸肩，还是把这些当作“机会教育”的教材，还是干脆就给孩子一个惩罚？

当他跟八岁的儿子比赛腕力时，他是否一定要对孩子显示出自己是多么的孔武有力？声调是激烈的，或是充满游玩的？

当他六岁的儿子感觉伤心或愤怒时，父亲要做什么？用愤怒的言语响应，假装没注意到孩子的情绪，还是会引导孩子说出情绪，并试图找出潜藏的问题？

当父母试着要维持和平与秩序时，常常忘记了玩耍的目的就是要唤起情感。当男孩在比腕力、打篮球或从事其他游乐活动时，情绪会浮现出来。他可能会跌倒或受伤，错失一记好球，或是做了一个漂亮的灌篮，经历了短暂的挫败或是洋洋得意。这种再创造的失序现象提供了很好的机会：让这些还在成长中的孩子能够用一种较温和的方式，在游玩中练习问题、思考解决以及情绪表达。一位主动、充满童心的父亲可以协助儿子探索更宽广的情绪范畴，向孩子示范如何接受挫折，如何看待输赢，以及如何控制自己的脾气。

成长是一项极富挑战性的任务，男孩们必须兼具骄傲与信心，才能昂首阔步迎接挑战。在他们的早期生命中，父亲的一言一行都有着极大的影响，不论男孩们在父亲眼前是踢一场足球赛、表演一场音乐会还是要造一艘模型船，他们无时无刻不在注意父亲的反应。

一位父亲为不喜欢运动的六岁儿子报名参加了一次滑雪训练营，之后问小男孩，在这次的活动中，他觉得最棒的经验是什么。结果，小男孩的回答是：“你看着我滑雪的时候。”

对于男孩而言，他的滑雪技术好坏无关紧要，重要的是父亲是否真的关心他。对于大部分处于幼年中期的孩子也是一样的，他们对于自己的看法并非建立在自我认知上，而在于父亲如何看待他们。

一个男孩会崇敬父亲，他必须知道父亲是能干的，因为这会增加小男孩本身的信心，让他相信自己终有一天也会长成如父亲一般。男孩子也需要父亲的赞赏，这种赞赏是针对一个小小的人儿，是对一个什么事都还做不好的小男孩的一种不求回报的爱。

父亲自己在面对缺点与挫折时的反应，是孩子最好的教材，比起其他任何学有专长的专家教学都更有效果。不论是有意或无意，父亲的情感表达都无法瞒住他的八九岁大的儿子。当一个男人试图假装他比实际上好，或者尽力掩盖自己的过错时，都对他的儿子做出了不好的示范，让小男孩对于男人的形象有了错误的印象。

有些父亲害怕太多的情感与抚慰会教出一个爱哭的、多愁善感的男孩，但事实却相反，父亲如果愿意协助、支持孩子度过低潮期，孩子在情绪发展上将更强韧、茁壮。许多为人父者深知这一点，就像马克·吐温所说:“勇气足以对抗恐惧，是恐惧的克星，而非只是让恐惧轻易逃脱。”许多父亲愿意在孩子成长的路上做孩子的支柱，而不是用困境与责难来使孩子百炼成钢，适应这个困难重重的真实世界。在与许多男孩接触的经验中，我们发现，那些容易在挑战中奋斗、在艰难中突破困境的孩子，他们在成长过程中都被教导着要认识并承认自己的脆弱与软弱。

走进男孩世界，培养天才少年

爸爸要想教育好男孩，必须先进入男孩的世界。

可是，男孩的内心世界究竟是什么样的呢？

他们淘气，是因为他们更喜欢冒险；

他们喜欢搞破坏，是因为他们更具探索精神；

他们学习不如女孩，是因为他们不喜欢被限制、被束缚；

他们好争斗，是因为他们内心深处总有着一种挥之不去的英雄情结；

任何一个男孩，都有着神秘而丰富的内心世界。只有父母真正走入那个世界，才能理解他们那些不可思议的行为，才能知道你的男孩有多棒、多优秀，并为之而感到骄傲！某位国外的教育学家在一所小学里做了这样一个试验：他让所有的小学生写出“是男孩好还是女孩好，并说明理由”。结果，女孩们大多都认为女孩好，并且她们写下的理由也近乎相似：

女孩闭着嘴巴嚼东西；

女孩更懂礼貌；

女孩的头发梳理得更漂亮；

女孩不挖鼻孔；

女孩没有那么多的体味；

女孩安静得多；

女孩不会把房间弄乱；

女孩的坐相更斯文；

女孩更听老师和父母的话；

女孩更会关心人；

女孩更有仪表风度。

而男孩们大多也为自己是个小男子汉而感到自豪，他们自豪的原因可以概括成以下几点：

男孩敢于坐在恐怖电影前眼皮眨都不眨一下；

男孩不会总感到难为情；

男孩会爬树；

男孩敢骑马；

男孩比女孩勇敢，不怕毛毛虫；

男孩走路不扭扭捏捏；

男孩为自己身上的气味而自豪；

男孩不需要别人指引方向；

男孩爱打抱不平；

男孩做事更快，不会拖拖拉拉等上“一百年”；

男孩不会像女孩那样爱哭泣。

事实上，女孩有女孩的好处，男孩有男孩的优点。不管是做试验还是做调查，都不能因此而确定究竟是男孩好还是女孩好。但是，由此，男孩和女孩的区别就体现出来了：女孩更细心、讲卫生、懂礼貌、会关心人；而男孩却更豪爽、勇敢、胆大、具有冒险意识、讲义气。

国外一则古老的童谣说：小女孩是由什么构成的？糖果、香料和一切美好的东西；小男孩又是由什么构成的呢？剪刀、蜗牛和宠物小狗的尾巴。所以，有过教育男孩经验的父母都知道，与女孩相比，男孩似乎更难教育。尤其是在男孩们那些引以为豪的“特性”方面，父母往往需要付出比教育女孩更多的精力。

比如，具有冒险精神本是一种很好的品质，但男孩却有一种没有任何理由就要去冒险的倾向，而且这种情况开始得很早。

一个刚刚会走路的小男孩，只要他能爬上去的地方，他就会从那里跳下去；他喜欢玩火；他会把自己藏起来，让全家人着急；他会把一切能吃不能吃的东西，统统都向嘴里塞；他还会故意惹老师和同学生气，并以此为乐趣。

随着年龄的增长，男孩还会爱上一切富有冒险性的事物，如滑板、攀岩、滑翔、飙车等。因此，有儿童心理学家曾说，任何一个男孩在小时候都或多或少地受过外伤，男孩没受过伤而长大成人，只能是奇迹。

培养小男子汉的四大原则

曾有一位母亲把自己带大两个儿子的经历说成是“每天都生活在提心吊胆中”。的确，与养育女孩相比，养育男孩带给父母的挑战要大得多。古希腊伟大的哲学家柏拉图早在2300多年前就这样写道：“在所有的动物之中，男孩是最难控制对付的。”的确，这个天生带有“Y”性染色体的小家伙，自出生以后就会给父母带来无穷的教育困惑：

男孩喜欢冒险，登高、爬树等，这些也是他的强项，他常常会因为自己的“冒险”举动而伤痕累累；

男孩天生是个倔脾气，父母说东他偏往西，父母越说不可以他越是想尝试，父母越是严格管束他越叛逆；

男孩虽然事事粗心，但却有着一颗敏感的心，父母的不尊重、不理解，往往是他心中永远的痛；

男孩很难自我控制，对诱惑的免疫力低下，外界的一点点“风吹草动”，都会使他的学习成绩每况愈下；

……

因此，多次领教过男孩这些“伟大特性”的父母都有这样一个疑问：上天让小男孩出生，难道就是为了给父母制造麻烦不成？

其实不然。喜欢“制造麻烦”，往往是男孩体内过多的荷尔蒙睾丸素在起作用。睾丸素在赋予男孩男子汉特性的同时，也会带给男孩不安定的个性——坐不住、好斗、喜欢冒险、与同伴竞争、给老师捣乱……而这些不安定的个性，也恰恰是男孩更富探索欲、创造欲、领导欲的最直接体现。

这也就是说，只要父母引导得当、教育得当，善于将男孩的个性弊端转变为一种成功的优势，每个男孩都会成为一个了不起的人、一个卓尔不群的男子汉！

俗话说得好，“细节决定成败”，这个道理用在教育男孩方面，也十分适用。如果父母能够在日常生活的细节中，给男孩正确的引导，那么，男孩体内过多的睾丸素就会促使这些小“捣蛋鬼”成为顶天立地的男子汉！

把男孩培养成了不起的男子汉，做父母的应该注意哪些日常细节呢？

具体来说，培养优秀的男孩，必须注意以下四大原则：

原则一：从小就要让男孩知道，他是个了不起的男子汉。

男孩在四五岁的时候，就已经有了性别意识，他已经知道自己是个小男子汉。这个时候，父母就要有意识地培养其男子汉的作风：

男孩跌倒了，告诉他自己爬起来；

男孩胆怯了，告诉他可以做得更好；

男孩犯错误了，告诉他好汉做事好汉当；

男孩不听话了，告诉他不给父母添麻烦，是男子汉的一种荣耀！

值得注意的是，让男孩从小就具有男子汉意识，父亲起的作用是巨大的。无数事实证明，妈妈过多的保护和担心，会削减男孩的男子汉气概；而父亲更显严格的规则、更显宽松的约束，则会赋予男孩无与伦比的坚强与勇气，进而促使男孩更快地成长为一名优秀的男子汉。

原则二：千万别对男孩来“硬”的，要和男孩做朋友。

男孩最怕什么？

很显然，他们最怕没有人理解、没有人支持，以及没有自由！

男孩最不怕什么？

家有男孩的父母都知道，男孩最不怕的就是武力胁迫，“越打越犟”是他们的特点。

因此，所有男孩父母一定要牢记这样一个教子箴言：如果你现在不和你的男孩成为朋友，那么青春期之后，他就会把你当作“敌人”！

和男孩做朋友，其实很简单：

给男孩更多自我选择的权利；

和男孩一同分享他的喜怒哀乐；

尊重你的男孩，并放弃“不打不成才”的教子观念；

时刻让男孩感受到你不温不火的关爱，巧妙约束但不强硬控制；

……

原则三：别让你的男孩太“富有”。

我们所说的“富有”包含两个概念，一个是父母太多的溺爱和包办，另一个是钱财的充裕。

很多父母特别宠爱男孩，所以一切事情都依着男孩。很多父母很有钱，所以他们给男孩很多零用钱。很多父母很有能力，所以男孩的大小事情他们都会包办……

然而，父母这种让男孩过于“富有”的做法，又会给男孩带来什么呢？

父母的过度宠爱让他们变得自私而没有责任感；太多的金钱让他们只想用“奢侈消费”的方式去消耗体内过多的睾丸素，从而忘记了自己还要学习；父母的事事包办则让他们丧失了劳动的能力、应对困难的能力、抵抗挫折的能力……

正因如此，明智的父母从不会让自己的男孩太过“富有”，他们会把“爱”藏起来一半，他们会寻找和创造机会让男孩去体验贫穷！

原则四：男孩的成功个性需要从小培养。

生活中，男孩家长常常会有许多的无奈：

教他勇敢，他做事却总是唯唯诺诺；

教他坚强，他屡次轻易放弃；

教他果断，他还是拖拖拉拉；

……

每当遇到这样的情况，男孩的家长总会这样自我安慰：“等他长大后，他自然会懂得……”可事实却往往与家长的期望截然相反。

如果你期望一个一直都轻言放弃的男孩，长到 18 岁后，忽然一下变得坚强起来，这现实吗？如果你希望一个一直都畏畏缩缩的小男孩，在 20 岁之后，忽然像个出色的外交家一样去交际，这可能吗？如果你盼望你一直花钱大手大脚的儿子在 25 岁之后，能像理财专家那样去理财，那只能是你的一个美好梦想。

任何一个男孩，都不能只活在家长的梦想里，所以，教育男孩需要父母在他很小的时候，便脚踏实地地引导他去积累成功的品质。在此，希望每位阅读此书的家长，在未来的日子里，都能以自己的儿子为傲、以自己了不起的男孩为荣。

第4章

爸爸越“懒”，孩子智商越高

如何让你的男孩更出色？

如何让你的男孩更优秀？

答案很简单——

只有学会思考，男孩才会成长为一个理智的人；只有学会倾听，男孩才会成长为一个被大家青睐和尊重的人；只有具有正确选择的能力，男孩才会少走更多的人生弯路；只有具有“领头羊”意识，男孩才会成为一个领导者而非追随者。只有男孩具备了这些优秀品质，他将来才会成长为一个顶天立地、成就斐然的男子汉！

爸爸懒一点，男孩聪明多百点

爸爸们在教育孩子的问题上，通常表现得比较懒，他们喜欢采用最省事的办法来对付孩子。比如，当孩子遇到困难时，爸爸一般懒得去替孩子解决问题，而是把问题推给孩子，鼓励他们自己去解决。

表面看来，爸爸不像妈妈一样什么都愿意代劳。这一点，妈妈们非常不满意，认为爸爸太懒了。然而从长远看来，爸爸的懒对孩子来说绝对是有益无害的。通过让孩子自己去解决问题，可以减少孩子的依赖心理，增强他们的独立性。

有人担心孩子的智商还不够高，无法解决一些复杂的问题。其实这种担心是多余的，因为我们很多时候低估了孩子的智力。如果善于挖掘孩子的聪明才智，往往会让他们的父母大吃一惊。比如，下面这个孩子的聪明程度就绝不亚于任何成年人。

有一个淘气的小男孩，他的父亲为了让他保持安静，就想出了一个办法。

父亲把他叫过来，拿出100元钱，对他说：

“只要你能猜中我心里在想什么，我就把这100元给你。”

“真的吗，爸爸？”小男孩高兴地问。

“当然是真的，只要你能猜中。”父亲得意地说。

父亲心想，这下孩子可以安静一段时间了。果然，接下来的几天里，小男孩安静地想着这个问题。第三天，小男孩认真地对父亲说：“爸爸，我猜到你心里在想什么了！”

父亲有点惊讶地问："我在想什么呀？"

男孩说："你不想把这100元钱给我。"

男孩的回答让父亲无法否认，因为一旦否认，恰恰证明自己不想把钱给儿子。父亲无可奈克，只好把100元给了男孩。多聪明的小男孩呀，他正是用了分析、判断、推理的思维方式赢得了爸爸的100元钱。

我们教育孩子的目的有两个：一是掌握知识，二是发展思维技能。大多数父母往往只注意前者而忽略了后者，因此出现了许多学习成绩较好，但思维能力较差的"高分低能"的孩子。可见，培养孩子广阔、灵活、敏捷的思维能力，对开拓孩子的智慧极为重要。

而要开发孩子的思维潜能，必须从以下几个方面入手：

一、让孩子独立去解决问题

独立思考是认识问题、解决问题的主要手段。

许多孩子在遇到疑难问题时，总希望家长给他答案。如果父母对孩子有问必答，虽然解决了孩子当时的问题，但从长远来说，孩子会养成依赖父母的习惯，遇到问题时不会独立思考、不会自己去寻找答案，这对发展孩子的思维能力是没有好处的。

一个小学五年级的小男孩很喜欢自己解答比较难的数学题。一天晚上，老师留的数学作业中有一道有一定难度的数学题。他思考了半个小时，仍然没有把这道题解出来。

快到睡觉的时间了，大他两岁的哥哥走过来问他："做什么呢？"

"应用题。这道题有一定难度，不过很有意思。"男孩回答说。

"我来给你算。"哥哥拿过男孩的作业看了两眼。

"不用了，我自己想一想吧！"男孩不信自己解不出这道题。

半个小时又过去了，哥哥生气地说：“我不管你了，我睡了，答案就在这里。”哥哥把写好的答案放在了男孩的旁边。

男孩头也没回，继续思考着。很长时间又过去了，男孩为了防止自己困，用冷水洗了把脸后仍然做在书桌前思考他的应用题。终于，那道应用题的难关被攻破了，男孩怀着快乐的心情进入梦乡。

故事中的小男孩完全不用费那么大的力气便可以得到答案，但他没有那样做。所以，最终他不仅学会了独立思考，更体会到了难题被解开的乐趣。

每一个父母都要鼓励孩子独立思考，启发孩子去想、去分析、去运用自己学过的知识和经验，并通过翻查参考资料等方法，让孩子自己去寻找答案。这样，孩子的思维能力就会得到提高。

二、遇事情让孩子自己拿主意

有些男孩在发表自己的意见时，常常会受到别人的影响——他们容易受家长和老师的暗示而改变主意，或者动摇于各种见解之间，或者盲目附和，这种没有主见的做法往往会影响孩子思维独立性的发展。

那做父母的应该如何改掉孩子的这种坏习惯呢？

首先要给孩子创造一个民主、和谐的家庭氛围。在这样的氛围中，孩子才会无所顾虑，畅所欲言。其次，家长要鼓励和引导孩子发表自己的意见。

一个男孩对画画很感兴趣，于是他的爸爸经常带他去看画展，并鼓励他积极思考、发表自己对作品的看法。一次爸爸带男孩去参观一个个人画展，但事先并没有告诉男孩这是一个个人画展。爸爸领孩子转了一圈后，故意问他：“你觉得哪些画风格比较好？”

“我觉得这好像是一个人画的，画得都很好。”男孩有点疑惑地说。

“是吗？你觉得好在哪里呢？没关系，你尽管说。”爸爸仍不忘鼓励儿子。

男孩说：“布局好，气魄大，大胆，用笔也好。”

爸爸满意地笑了。

一般情况下，孩子对那些不是很有把握的答案，往往不敢说出口。这个男孩却大胆地说出了自己的见解，这与爸爸平时就鼓励孩子积极思考、大胆表述是分不开的。

因此，父母要鼓励孩子敢于发表自己的看法，在孩子发表自己的意见时，哪怕是错误的，父母也应让他说完，然后再给予恰当的指导。对于孩子的正确意见，父母应该肯定、表扬，让孩子增强发表意见的信心。

三、让孩子自己去判断、推理问题

判断、推理能力是思考能力中比较重要的方面，它需要对事物的概念等有深刻的理解才能进行。因此，父母平常就要给孩子解释一些概念性的事物。

有一则笑话是这样的：

爸爸问儿子：“儿子，你长大了想当什么呀？”儿子神气地回答：“我要当兵！”爸爸问：“为什么要当兵？当兵会被敌人打死的呀？”儿子一听，就说：“那我就当敌人！”

这个孩子就是由于搞不清楚敌人的概念，做出了错误的推理、判断，所以闹出了笑话。要培养孩子的推理能力，父母在日常生活中可以让孩子多做一些有意思的推理题目。比如，父母告诉孩子，妈妈的年龄比我大，姥姥的年龄比妈妈大，让孩子自己得出结论：姥姥的年龄比我大。又如，家长告诉孩子，我有一副太阳眼镜，妈妈有一副太阳眼镜，爸爸有一副太阳眼镜，我家只有爸爸、妈妈和我，让孩子自己得出结论：我们家每人都有一副太阳眼镜。

男人天生爱偷懒，教育孩子成优点

1993 年的一篇报告文学《夏令营中的较量》，在全国范围内掀起了一场关于教育的大讨论。在这篇报告文学中，作者将矛头指向 1980 年前后出生的中国独生子女，这些孩子在夏令营中表现出的娇生惯养，同日本孩子的独立形成了强烈反差。

文章中有这样一个细节：面对煮熟未剥壳的鸡蛋，一群中国孩子不知所措——“这是什么呀？”有的孩子问。“是鸡蛋。”“鸡蛋不是这样的。”孩子反驳说，他吃的鸡蛋是“白”的，如果这是鸡蛋，那么该怎么吃呢？

这不是一个笑话。时至今日，当年的“小太阳”都已长大成人，但他们所遭遇的问题仍然存在。如果把一捆未长成的小麦放到现在的城市孩子的面前，很多孩子会告诉你这是韭菜。这有什么奇怪？没有人告诉他们小麦是这样的，家长们在为孩子剥鸡蛋的时候，大概也没有想到孩子还没有见过未剥壳的鸡蛋。

过分的溺爱不再是爱，而是一种犯罪。

有一天，爸爸读到这样一个故事：

一个女人将偷来的男婴交给巫师，要求巫师在这个孩子身上施展法术，用最凶残的方法报复深深伤害了她的男人。不久，巫师告诉女人，他已经使用了最残酷的办法，请那个女人到指定的地方看一看。女人看罢，勃然大怒，因为孩子居然被当地最有钱的富翁收养了！

面对女人的责问，巫师却说：“不要着急，等着瞧吧。”

果然，许多年过后，就连这个女人也觉得过分了。原来，这个男孩在极其富有的环境中成长，并没有练就强壮的体魄和坚韧的意志。收养他的家庭遭遇突然的变故而破产，男孩从锦衣玉食的环境里掉出来，根本没有面对挫折的能力，他软弱无能，生不如死，在徒然挣扎了一段时间后，终于绝望而疯狂地在铁路上卧轨自杀。

正在爸爸掩卷沉思的时候，3 岁的儿子过来告诉爸爸，他要一个人到外面去。爸爸本来要阻止，却想到这个故事，于是他放缓脚步，尾随孩子出门，决定观察孩子掌握了多少保护自己的本领。

爸爸发现，儿子并没有自己想象的那么莽撞，他已经能够在确认安全之后穿越马路。从此以后，爸爸便开始了“独自旅行”教育，在儿子一年级的时候，就告诉他“有想去的地方都可以去，只是问路时，找穿警服的人最安全”，还鼓励儿子“回来时，要走与去时不同的路”。儿子经过这些教育，小学四年级就能自己买车票、订饭店，独自一人出去旅行了。

当我们抱怨现代的孩子更为脆弱、敏感、生存能力差的时候，我们该反思的是不是自己呢？现实的状况是，现在的孩子从一出生，就被爸爸、妈妈、爷爷、奶奶、外公、外婆团团包围，大人们将孩子视为生活的中心，无时无刻不把孩子放在首位，他们关注着孩子的一颦一笑、一哭一闹，给予孩子无微不至的照料，想方设法让孩子过得更好。对于孩子来说，他们的世界总是热热闹闹的，面前总有一群为自己“鞠躬尽瘁”的大人，孩子甚至不知道什么叫需要——大人们早就为他准备的妥妥当当……

为什么男孩学习不如女孩

提到男孩的学习成绩，很多家有男孩的家长都深有体会，他们往往十分坦然地说："在小学和初中阶段，男孩的学习成绩都会比女孩差，但没有关系，大约到了高中，男孩的成绩便会突飞猛进。"真的是这样吗？

的确，这些家长的说法有一定的道理，但却并不完全正确。现在，很多心理学专家都有这样一个疑问：为什么男孩的学习成绩不如女孩？针对这一问题，美国学者的最新研究表明，其中一个非常重要的原因就是：女孩对于有时限的任务和定时考试更加擅长，而男孩恰恰对这些很反感。

美国某大学的一位教授对 8000 名 2 岁以上 90 岁以下的美国人进行了研究。研究发现，任何年龄组的男女智商差别都很小，但在有时间限制的情况下，女性的表现更优秀，特别是在小学和初中阶段。科学家由此得出结论：很多课堂活动，包括考试，都直接或间接与把握速度有关——女性在这方面表现更好，因此这也决定了小女孩的成绩往往要比小男孩要好一些。

关于为何小学阶段的男生在功课以及其他表现上总体较逊于女生，可以用两项发展上的重要差异来说明：

1. 男孩的成熟期比女孩稍晚。

2. 男孩的活动力较高，且对于冲动的控制发展较缓。

美国的学生如此，中国的孩子也是这样。除此之外，以下因素也决定了男孩的成绩要差一些：

1. 男孩与女孩的大脑存在一定的差异。与女孩的大脑相比较，男孩的大脑更多地依赖于空间机械刺激，他们天生更容易接受图表、图像和运动物体的刺激。但是，现在的教育方式却以语言刺激为主，于是在这种情况下，男孩上课时便会产生厌烦心理，从而出现了上课走神和“如坐针毡”的现象。这也是男孩学习成绩普遍不好的主要原因。

2. 现行教育模式限制了男孩成长。事实上，从上学起，男孩的读写能力发展就比女孩晚两年，可老师和家长往往要求男孩和女孩在相同时间内以同样的方法学习同样的知识。比如上课时，老师要求男孩和女孩都必须坐得端端正正，把手背在后面，听上45分钟的课。对于女孩来说，她们更喜欢这种安静的学习方式，而男孩则喜欢蹦蹦跳跳、通过自己探索去学东西。这些都决定了男孩的学习成绩要比女孩差。

3. 老师们对男孩的态度也将决定他的成绩。由于体内的睾丸素在“捣鬼”，爱玩、调皮、捣乱等不好的形容词成了男孩的专利。一般情况下，老师们都会更喜欢听话而又懂礼貌的女孩。因此，班长、课代表、小队长、大队长等班干部成员几乎成了小小“娘子军”，这也是影响男孩成绩的一个重要因素。

这种发展过程是生物性的，父母与师长的教育方式虽然会有所影响，但极其有限，最多提供辅助或阻碍的作用。现代科学家在讨论先天与后天的问题时，经常强调生物力量与经验之间的关系虽十分紧密，却无法清楚区分。对于丢球或攀爬等活动，男孩较容易在一开始时觉得乐趣无穷，但之后因为受到鼓励，会逐渐培养出兴趣，并发展出更高超的技巧。同样的，因为受到神经优势的影响，女孩较容易对于阅读与语言发生兴趣，而当她受到鼓励时，这方面的能力就会逐渐增强。影响发展的因素包括生物的以及文化的，两方面的影响互相融合，成就了孩子的发展历程。所以，先天与后天的力量是无法分开的。

女孩发育较早，认知技能的发展也相对较早完成。她们学习事物的名称（如颜色的名称）较快，也知道如何做简单的运算。因此，在刚进入一年级、老师们准备开始要施行一系列阅读教学时，比起男生，女孩们的准备更为充分。在这些为发展日后阅读能力所需的技巧训练中，许多男孩在一开始就落后女孩许多，使得这些男孩在低年级时经常被错误归类，被认定有学习上的障碍。

许多相关的研究指出，就活动力的高低而言，学龄前的性别差异并不大。在此，我们所谓的活动力是指原发的活动力，也就是当人在跑、跳时的生理活动程度。换句话说，也就是当孩子愈逼近学龄时，生理活动程度的差异性才越发明显。近来的研究发现，之所以会造成差异，主要的原因是来自于社会互动的影响。当一群男孩子在一起的时候，行为形态与只有一个男孩的情境十分不同。男孩子们会互相模仿，尤其是在他人展现具有挑衅意味的行动时。当然，这项特性与其他的性别差异相同，也有许多女孩会比男孩更有活力。但平均而言，在教室中，一个男孩的活动力会大于四分之三的女孩，而且班上最好动的孩子大部分是男孩。而即使是最活泼的女孩，也不会肆无忌惮，而这却是男孩子常表现出的行为。

如果讨论的是活动力的极端现象，例如多动儿，两性之间的差异更为明显。大部分的研究发现，在被诊断患有“专注力缺失多动症”（Attention Deficit Hyperactivity Disorder, ADHD）的孩子中男孩是女孩的二到四倍。田纳西州有一项针对从幼儿园到小学五年级 8258 名儿童所做的研究，这些学生分别就读于同一郡中的六个学校。约有 4% 的男孩被诊断出患有多动症，但只有少于 1% 的女孩有相同的问题。以这项研究为例，在一个约为 25 人的班级中，就会有一名患有多动症的男孩。所有读过小学的人几乎都会有一种印象，就是有学习障碍的几乎都是男孩。一个二年级的小女孩有一天用怜悯的语气问道：“为什么坏学生都是男生？”根据我们自己的经验，男生被叫到心理辅导室的次数约是女生的四倍。

有一些研究者提出，如果八岁的男生与六岁的女生一起学习，大部分被认为有学习障碍的男生会不治而愈（约有 60% 到 80% 的学习障碍者是男性），因为学习障碍的诊断是以阅读能力与同年龄的智商做比较的（智商可以利用测试得出）。在过去数十年来，纽约的道德文化学园（Ethical Culture School）接受五岁大的女孩入学，但男孩必须得等到六岁，最大的原因，即在于考虑男女在发展上的差异。但后来有家长持反对意见，因为有些家庭中有五岁大可以进学校的男孩，而且家长坚持早期发展的必要，使学校最后放弃这项作法。

美国就尝试设计以艺术为基础的课表，学校使用图像式的教学法来训练学生的阅读能力，以取代传统的教学法。有一次，一位学校的行政人员说：“如果太早开始教读写的话，几乎所有的男孩子都有学习障碍。”

简而言之，女孩在适应早期的读写教育上较有优势，而男孩则是处于一个不利的地位，这导致小学男生在学习主要科目时容易遭遇挫折，觉得自己不如女同学们一样能干或一样有价值。在治疗时，即使我们面对的男孩在阅读能力的发展历程上十分正常（对于男孩而言），我们却常听到他说自己是个失败者，更不要说那些真正苦于学习障碍的孩子，在学业成就上遭遇到多大的障碍！他们作为一个儿童时所遭遇的沮丧与挣扎常延伸至生活中，让他们在成为少年时，也有相同的经历。

做个懒爸爸，让男孩自己爬起来

有一个我们不愿意承认，却不得不承认的事实：日本的小孩比中国的小孩更具有独立精神。这种巨大的差别，跟两个国家的家教风格是紧密相连的。

在日本，几乎每一位家长都知道这样的道理：孩子摔倒了要自己爬起来。日本人是这么说的，也确实是这么做的。可是在中国，当家长们看到自己刚刚学会走路的孩子突然摔倒了，有哪位家长可以做到不管小宝贝儿，真的让孩子自己爬起来呢？

更多的时候，我们看到的是这样一种事例：

小朋友天天一岁零两个月，是个胖胖的小男孩，走路非常不稳，也不好动。天天的父母亲永远都把安全放在第一位。孩子走路或爬楼梯时，他们的双手几乎很少离开孩子的腋下。有时天天看到别的小伙伴靠自己的力量成功地爬上滑梯，也想试试。父母会在旁边说：“别人可以，你不可以。”父母解释说天天的平衡不好，容易摔跤。我们也常常听到年轻的父母时常抱怨教孩子走路太辛苦，因为总要弯着腰扶着孩子。

天天的父母对孩子的关爱，在无意识中限制了孩子的成长空间。放在孩子腋下的手给了孩子足够的保护，可是减少了孩子自己练习平衡的机会。孩子是在蹒跚踉跄中学习掌握平衡能力，同时通过犯错误来增强自我防范风险的意识。“别人可以，你不可以。”这样的话语不仅挫败了孩子勇于探索的精神，同时也贬低了孩子，使孩子从小就觉得自己不如别人。探索的精神和自信心是孩子与生俱来的宝贵品格，就这样在日常生活中被无知的父母一点一滴地扼杀了。当孩子长大后，父母抱怨孩子没有自信、缺乏探索精神的时候，他们有没有想过自己平时的一言一行对孩子的品格塑造造成了什么影响呢？

接下来就让我们看看日本式的教育，究竟和我们有何不同：

日本的小泽先生有一种特殊的教育方式，那就是：爱，藏起一半。

小泽先生有一辆漂亮的丰田小汽车，每逢节假日常常带上全家人外出游玩。可是，小泽每天上班总是一个人驾车独往，绝不让10岁的儿子顺道搭车上学。一天，儿子的气管炎又犯了，走路也有点儿困难，就央求爸爸送他一程。“不行！”小泽斩钉截铁地回答。儿子只好背着大书包沿着大街慢慢地向学校走去。当他艰难地在十字路口正欲走上高高的天桥时，突然发现爸爸正站在天桥底下等着他。小泽见了儿子什么也没说，只是掏出手帕擦去儿子的泪痕，然后一手拉着儿子，一手为儿子提着大书包缓缓地跨上一级级台阶。

“孩子，不要怪爸爸。你现在是学生，不能坐车上学。将来你长大有出息了，一定能买比爸爸这辆更好的轿车。”小泽的眼圈有些发红了。小泽先生这种特殊的育儿方式，不是丢失另一半爱，而是爱得更深沉、更科学，这才是父母应有的真正的爱。

这就是日本人的教子之道，从这样的简单小事开始磨炼孩子的性格、品质和责任心的。让自己摔倒了自己爬起来的简单举止背后，是一连串的人生哲理。

一、能力的培养

能走，就可能会摔倒，摔倒了，就一定能够爬起来。让孩子自己爬起来，其实是让孩子从理念上明确自己的事情必须要靠自己来做。家长从一开始就不替代一切孩子能够独立完成的事情，就意味着孩子永远可以自己的事情自己做了。

二、意志力的培养

摔倒了要痛的，可能还会摔破皮的，这是家长最不可以忍受的一幕。可这恰恰就是教育的重点要素。正是因为有疼痛的感觉，才更要让孩子学会感受、承受、忍受。试想，当孩子摔倒了，一家人一齐涌上来，是能够避免摔倒呢？还是能减轻孩子的痛苦呢？

三、责任心的培养

摔倒了要自己爬起来，摔痛了还要自己忍受。聪明的孩子，在这些举动中，就会感悟出其中的道理，自己要对自己的行为负责任。这样，孩子就会尽量不摔倒，尽量不把自己摔痛。一个孩子在正常的发育成长过程中，就可以感受得到许多的深层内涵。

幸运的是，中国的父母也渐渐意识到培养孩子独立性的重要性。在这一点上，爸爸又比妈妈做的更彻底，因为爸爸更适合做孩子的成长教练。

牛牛是一个十三个月大的男孩子，是游乐场上的小明星。虽然他的年龄不大，可已经在几层的滑梯上滑得自如了，他甚至可以自己沿着滑梯由下至上走上去。人人都惊讶这孩子的平衡能力好，独立性强。他的父母也总是在旁边鼓励他尝试新的东西，掌握更难的动作。“想想办法，再试试，你可以上去的。”

通常情况下牛牛摔倒了不会哭。有一次，牛牛被地上突出的石子绊倒，痛得呀呀地哭了两声。他委屈地回头望望爸爸，可爸爸平静地说：“牛牛很勇敢，摔倒了可以自己爬起来。”牛牛听了这话真的停止哭泣，又爬起来继续玩了。

牛牛的父母是教练型的父母。他们给牛牛足够的发展空间，同时他们也使牛牛面临着更多的风险。我们主张父母应像运动员的教练一样，给予孩子心灵的呵护，鼓励孩子克服困难，并不断挑战自己。此外，教练要给运动员足够的保护，好最大限度地减少孩子身体受伤的可能，并指导孩子心灵的健全发展。做这样的父母不容易，因为为了给孩子更多的自由空间，父母有的时候必须要与孩子保持一定的距离（比如父母应该适时放开牵着孩子的手），当然父母此时一定要加倍警惕可能发生的危险，并且随时采取更有效的措施。因此，做一个过度保护孩子的父母简单，做一个教练型的父母更具有挑战性。

懒爸爸不替代，让男孩自己动手

本书一直强调，男孩3岁交给爸爸带，是有一定科学依据的。因为与爸爸相比，妈妈太喜欢替孩子做事情了。下面的情形在我们生活中经常看到：

一个小男孩起床后，开始叠自己的被子，但动作很慢，妈妈看到了，便抢过来帮他叠。从此，男孩就把叠被子看作一件很难的事情。

一个小男孩刚开始学说话，但学得很慢，这时，妈妈在一旁便急不可待地代言。从此，这个小男孩就对说话产生了畏惧心理。

与妈妈相比，爸爸们可不会这么干，他们通常比较懒，不会替孩子做这做那。因为懒爸爸们知道：由于小男子汉存在一定的弱点，再加上他们生理的各项功能尚未健全，心智也没有成熟，所以他们需要家长的帮助，但这种帮助仅仅是帮助而已，并不是一切代办。

正如伟大的儿童行为学专家蒙台梭利所说的“Help me to do by myself”，表明了孩子的心声，意即“请帮助我让我自己做”。是的，父母的帮助能使孩子少走很多弯路，而孩子自身的实践才是他成长的根本。那么，爸爸们是怎么做的呢？

一、鼓励男孩去探索

对于男孩来讲，他们的思维里充满了奇奇怪怪的东西，他们经常会表现出一些很奇怪的行为：

把皮球当作“保龄球”来打；

把玩具汽车拆开再装上；

把跳绳绑在双杠上当“秋千”把……

面对男孩这些奇怪的行为，家长们不应该制止，而应该去鼓励。因为好奇可激发探索的兴趣，而探索是创造发明的开端。对于男孩来说，他们更富有个性，喜欢张扬与众不同的做事方法，而这种与众不同就是创造。所以，不要说你的男孩行为怪异，要知道，那才是他真正的智慧！看看下面这个例子，家长们多少会有些启示：

爸爸要去体育馆打羽毛球，顺便带去了4岁的朱清和他的小表哥李勇。到了体育馆，爸爸跟球友打了个招呼，就给小哥俩借了皮球和跳绳，让他们自己玩。

爸爸一边打球，一边关注着孩子们。他发现小哥俩玩起来非常不一样：7岁的李勇做事一板一眼，跳绳就是跳的，皮球就是拍的；而4岁的朱清却像个小猴子，一会将跳绳绑在双杠腿上当“秋千”，一会拿起皮球当“保龄球”，一会又将球网当成“铁丝网”，学着解放军叔叔匍匐前进，玩得不亦乐乎！后来竟然连李勇也模仿他来玩耍……

表兄弟怎么会有这么大的不同呢？我们回头看看孩子们成长的家庭：李勇的父母非常“注重”孩子的教育，对孩子很“用心”，不但在生活上照顾得无微不至，还给孩子安排了很多的额外发展内容。李勇不到4岁就开始学钢琴、练书法，难得有“独处”的时间；朱清的父母却比较“粗心”，经常让孩子自己玩，顶多在必要的时候帮上一把，小朱清有很多自己的时间。

一晃十年过去了，李勇已经成为一个小钢琴家，他的作品经常获得青少年钢琴比赛大奖。他经常到外地参加比赛或表演，每一次妈妈都要陪在他身边。有一次国外一所音乐学院欣赏他的才华，把他特招为学院的学生，于是李勇远赴重洋，开始了异地的求学生涯。这一次，妈妈因为工作的关系，没有陪他一起去。然而只过了几个月，李勇就被学校退学，这是为什么呢？原来，李勇完全不能适应外国的生活环境，他不知道一个人在陌生的地方该如何生活，在强手如林的激烈竞争下，他生了严重的心理疾病，不得不回国疗养。

小表弟朱清看起来没有表哥那样的才华，但是爸爸妈妈很高兴他正在成为一个生机勃勃的阳光少年。有一次，朱清和同学爬山，摔伤了胳膊，同学惊慌失措，他却很镇定地联系医疗队，等爸爸妈妈闻讯赶来，朱清已经跟同学有说有笑地准备回家了。这时朱清还不到 14 岁。

二、及时肯定男孩的成绩

只要教育方法得当，每个孩子都会成为天才。但是，天才到底需要什么样的教育方法呢？专家告诉我们：“肯定的态度”能使孩子尽快成才。

事实也的确如此，尤其是对那些表现欲、成就欲都很强烈的男孩来讲，足够的肯定能使他们更加自信，从而把自己的潜能最大限度地发挥出来。

然而，现实生活中，家长又是用什么样的方式来教育儿子的呢？

孩子一次成绩没考好，家长就冲孩子大喊大叫：“你真是个笨蛋，竟然才考这么一点分数。”

孩子失败了，家长没有安慰孩子，反而挖苦孩子：“看，让你不听我的话，失败了吧？”

……

我们都知道，家长之所以这样说，都是出于好心，或是望子成龙、或是恨铁不成钢……但是，却有些太过功利了，他们往往忽视了孩子听了这样的话会怎么想，又会怎样做。

其实，任何一个男孩都有很强的表现欲望，他们喜欢争强好胜、喜欢追求卓越，在他们的脑子里时常会蹦出这些思想：

“我一定要把这件事情做好！”

“我会把它做得更加完美！”

“我要成为一个既有能力又优秀的人！”

……

如果一个男孩的头脑中一直充满着这些思想，我们可以肯定地说，这个男孩在今后的人生道路上一定能克服一切困难，并且会更易走向辉煌。但是，太多消极的话语、太多的打击、太多的功利思想，却会让他们吃不消，这些沉重的思想包袱往往会压得他们喘不过气来，最终促使他们放弃了追求更高成就的欲望……这种教育方式的结果最终会事与愿违。

因此，做父母的应该想想了，你有经常肯定过你的男孩吗？你有意识的或无意识的语言和行为，是不是伤害了你的男孩呢？

任何一个人都希望得到别人的肯定，甚至连成人也是如此。面对可爱、努力而又优秀的儿子，我们做父母的为什么还要吝惜那一句肯定的话语、那一个赞赏的眼神呢？

一天，森森读完了一本有些艰涩难懂的书，他非常高兴，不由得高声唱起歌来。

“森森，你又在嚷什么！”爸爸皱起眉头说，“读完一本书是很平常的事，你用不着那样高兴。”

“可是爸爸，这本书太令我愉快了，它那么难懂，可我居然把它看完了！”森森抬起头对爸爸说，他很想得到爸爸的肯定。

“哼，你以为只有你才有这个本事吗？你以为我会表扬你吗？你太骄傲自大了！”爸爸说完这些转身离开了。

从此以后，人们再也看不到森森脸上那种快乐自信的表情了。

消极评价对孩子的伤害就是这么大，它会毁掉孩子的自信、乐观，将懦弱与自卑灌输进孩子幼小而脆弱的心灵。

家长对孩子进行适时的肯定是十分重要的。这种肯定使孩子确认了自己的判断，对自己的能力感到惊喜，他的下一次努力就会更加信心十足。当成就感被一步步提升时，孩子的潜力也会被一点点挖掘出来。

三、赞赏你的男孩

人性最奇妙的地方之一，就是渴求赞赏。每一个人都会在得到赞赏时，开心乐意地做更多的事情。当别人称赞我们做得好时，我们会想做得更好。对于孩子，尤其是男孩来说，更是如此。

一个小男孩从来不整理自己的房间，有一天，他心血来潮把自己的房间整理得很干净。他的爸爸来到他的房间，惊奇地对他说："哇！这床一定会使军营里最严格的教官也喜欢。西点军校的教官也要给它颁发合格证书……"

小男孩听了爸爸的话，先是一惊，接着他高兴地对爸爸说："爸爸，我去帮你取信吧！"把信取过来后，他仍然很兴奋地对爸爸说："爸爸，我去剪草坪！"要知道，要是在以前的话，剪草坪这种工作，爸爸给他报酬他都不会去做的。剪完草坪后，男孩还保持着刚才的热情，跑到爸爸身边说："爸爸，我还能帮你做些什么？"……

这位爸爸只是给了他的男孩应得的赞赏，却使这个小男孩犹如活在天堂一般，突然间感到世上所有事物都是那么美好。由此可见，赞赏的效果有多大。

一项研究结果表明，要有四句积极的话，才能弥补一句消极的话对孩子所造成的影响。因此，赞赏是最省力而又最有效的教育方式。

世上不存在没有优点的孩子，只要家长愿意去寻求，必能在每一个孩子身上发现他们值得赞赏的地方。

四、告诉男孩：下次你会做得更好！

男孩是需要肯定的。当男孩遭受挫折时，家长肯定的眼神、肯定的话语、肯定的动作，就是他们有效的强心剂。

越越是一名品学兼优的学生，但在一次体育考试中，他却考了最后一名。

越越难过极了，他从来没受到过这样的打击。很长时间过去了，他还没从这次失败中走出来。

“儿子，还在为那件事难过吗？”爸爸问。

“是啊，我跑了最后一名，太丢人了。”

“可是你有没有想过其中的原因？”爸爸说，“你比其他同学年纪小啊，他们的腿都比你长很多。”

爸爸继续说：“我问过你的体育老师，他说你是同龄孩子中跑得最好的，这场比赛对你不公平。等你个子再高一点的时候，你一定跑得比他们快。”

“爸爸相信，下次你会做得更好！”爸爸最后补充说。

相信越越爸爸的话会使越越很快从失败中走出来。在大多数情况下，儿童的自信和自卑感往往会受到家长的影响——男孩受到的表扬越多，他们对自己的期望就越高，就会产生很强的自信；相反，受到的表扬越少，男孩随之产生的自我期望就越低，从而越来越不相信自己。

所以，当男孩受到挫折时，家长应该给予积极的回馈，帮助他总结原因，提出改进意见并加以鼓励。责备和打骂只会加重孩子挫败感的体验，使他越来越自卑。

懒爸爸不包办，让男孩自己做决定

不少父母这样抱怨自己的孩子："大人一刻也不能离开，一离开这孩子就不做功课，就思想开小差了。"但同时也有一些父母不存在这样的问题："我的孩子一直很懂事，他学习从来不用我监督。"

通过进一步分析、比较我们就可以发现，前一种父母往往是对孩子"最不放心"的父母，他们在孩子小的时候陪着玩耍、穿衣、吃饭，大一些又接着陪读。在他们的过多干涉下，孩子渐渐形成了习惯，依赖性强，独立性差。后一种情况的父母往往给予孩子充分的信任和自主权，他们发现孩子的成长法则，洞悉他们的真正需要，而不是自作主张地判决，他们给予孩子"最少的指导、最大的耐性和最多的鼓励"，让孩子自动地产生尝试的喜悦，并坚信孩子能做到。——他们知道，孩子们会被这些话而激动不已：

"如果你想的话。"

"如果你真的希望。"

"你来决定这件事。"

"这真的取决于你自己。"

"这完全是你的选择。"

"不管你做出什么决定，我都没问题。"

"你来决定这件事。"——也许中国的父母很难真正做到这一点，尤其在男孩充满叛逆的青春时代。然而，这些话却让孩子们感动，他们做出了自己的决定，这是男孩们引以为豪的事情。更重要的是，父母们并没有横加干涉，孩子们更相信自己（特别在男孩不自信的时候）！还有一点让男孩觉得安慰，他们知道父母并没有走远，他们正在背后默默地注视着他，并一定会在真正必要的时候出现。

这种信任让男孩觉得沉甸甸的，没有人愿意辜负这种信任。这些感情会转化为前进的力量，这往往就是大人们所谓的“学习意愿”。

男孩是一种很奇怪的动物。他们很不听话，很叛逆，尤其是青春期的男孩，家长越让他向东走，他却偏偏向西走。

但是，如果家长告诉他：“你来决定这件事”，男孩听到这样的话往往会很感动。自己做决定，这是最让男孩引以为傲的事情。更重要的是，男孩认为，父母让他自己决定一些事情，是父母对他能力的认可，是父母对他莫大的信任，因此，没有男孩愿意辜负这种信任。于是，这种信任便转化为了男孩努力做好这些事情的巨大动力。

然而，令人遗憾的是，中国的父母很难真正做到这一点，他们几乎从不对孩子说：“你来决定这件事”，尤其是对那些他们认为很难管教的男孩。因为在家长的观念里，他们往往认为：“孩子太小，没有决定事情的能力”“让男孩决定自己的事情，他很可能会变坏”……于是，中国的父母包办了孩子的一切事情，从吃、穿、住、行到考什么大学、学什么专业……

其实，家长因为孩子小、男孩会变坏……而剥夺孩子决定自己事情的权力，这种做法纯粹是家长在杞人忧天。儿童心理学家表示，如果能够从父母身上得到充分的支持和爱，男孩会比女孩更早地走向独立。

事实也正如此，生活中，我们经常会看到这样的现象：当面对困难的时候，6 个月大的男婴已经开始试图通过自己的探索尝试解决问题，女婴却通常借助哭泣等手段。当然，这些不同只是性别上的差异，并没有优劣之分。男性更喜欢实践，喜欢尝试与竞争，他们喜欢在这些过程中的思维创造的乐趣。

当家长告诉男孩“你来决定这件事”的时候，这种乐趣就开始了。

小勇和爸爸一块在公园玩，忽然，他很想爬上旁边的那棵苹果树，于是他向爸爸请示。爸爸看了看那棵树，对儿子说：“去吧！”说完继续低头看自己的报纸。等儿子朝那棵树走去时，爸爸开始用心地观察着儿子的一举一动。

只见小勇在树下仔细地看了一会儿，便有点笨拙地慢慢向上爬，好不容易爬上树的主干，他却用脚去踩一条很细的枝干。眼看那条枝干就要被踩断，爸爸的心快要提到了嗓子眼了，刚想跑过去接住将要从树上摔下来的儿子，没想到，这小家伙却忽然对那条细枝干失去了兴趣，继续向主干上爬……

小勇玩累了，兴高采烈地跑到爸爸身边。这时，爸爸收好报纸，一本正经地问儿子：“儿子，你在爬树之前，在树下看了半天，是不是在看树上有没有苹果呀？”

“不是，爸爸，我在考察‘地形’，看看这棵树从哪个角度最容易爬上去。”小勇很认真地说。

“你刚才是不是差点把那条小细枝干踩断，从树上掉下来呀？”爸爸用开玩笑的口气说。

“哎呀，爸爸，我只是想试试那条枝干结不结实，我才不会真去踩它呢。”小勇有点自豪地说。

“你小子很聪明呀，知道故弄玄虚了！”爸爸高兴地摸着小勇的头说。

小勇虽然并不知道故弄玄虚是什么意思，但从爸爸的表情中他读出了很大的肯定。

任何一个男孩都是很聪明的，虽然他们有一种没有任何理由就会去冒险的特性，但他们在冒险之前还是会对事情做一定的分析。看，小勇爬树的例子不就是一个很好的证明吗？

小勇在爬树的过程中，不仅学会了观察，还获得了很多其他方面的知识，可能有关力学、生物学，等等。而家长的态度则关系到男孩能否顺利获得这些知识，如果因为担心而加以阻拦，那么这个男孩就丧失了这次机会。反之，如果男孩真的会掉下来，那又有什么关系呢？这是男孩自己的选择，他将知道下次如何避免掉下来。

爸爸妈妈们，想让你们的男子汉独立，就请放开你们的手吧！找一些事情让孩子自己做决定，试过几次你们便会发现，“你来决定这件事”具有神奇的力量，你们的男孩收获的将不仅仅是自由。

记住：不要阻止男孩想尝试的那颗心

小杨杨告诉爸爸，他要一个人到外面去。爸爸没有阻止他，让他自己走出了家门。但爸爸还是担心儿子，于是他放缓脚步，尾随孩子出门。

杨杨爸爸发现，儿子并没有自己想象的那么莽撞，他已经能够在确认安全之后穿越马路。从此以后，杨杨爸爸便开始了“独自旅行”教育，在儿子一年级的时候，就告诉他“有想去的地方都可以去，只是问路时，找穿警服的人最安全”，还鼓励儿子“回来时，要走与去时不同的路”。

经过这些教育，杨杨小学四年级时就能自己买车票、订饭店，独自一人出去旅行了。

每个男孩都有很强的好奇心，对他认为很新鲜的事物都跃跃欲试。然而，家长都是怎样对待孩子的这种好奇心的呢？每种不同的态度所产生的结果又是怎样的呢？

很多家长都抱怨自己的男孩：“我家的孩子这么大了，自己都不会做饭，我要是不在家，他只能饿着。”而另一些家长却骄傲地说：“我们家孩子很懂事，他什么都会做，就算我出差半年，他也会把自己照顾得很好。”

这时，不用深入解释，想必家长们也应该明白了。前一种父母往往是对孩子“最不放心”的父母，他们的事事包办让孩子养成了依赖性强、独立性差的坏习惯；而后一种父母往往给予孩子充分的信任和自主权，他们让孩子自己去体验尝试的喜悦，并坚信孩子能做到。因为他们知道，小男子汉最容易被这些话所打动：

“你来决定这件事。”

“如果你认为是对的就去做。”

“这件事取决于你自己。”

“这是你的选择。”

……

懒爸爸不着急，给男孩成长的空间

山山和小小，是一对双胞胎兄妹。

小的时候，山山看起来比小小笨拙。他需要更多时间系鞋带、扣衣服扣子、拧瓶盖或旋开门把手。有一次，爸爸去幼儿园接山山和小小放学，看见孩子们正在给自己穿外套，小小很快就穿好了衣服，山山却慢吞吞的，怎么也扣不上扣子。

“哥哥快一点。”小小看见爸爸来了，不由得催促道。山山的小脸憋得通红，可是一双小手就是那么不“听使唤”。妹妹一催，山山更着急了。

“穿一件外套可不容易。”爸爸笑着说，“可是儿子，你把衣服穿得很整齐呀。”

听到爸爸的夸奖，山山将信将疑，可是当他看到爸爸鼓励的眼神，情绪慢慢地平复了。后来爸爸发现，山山虽然不如妹妹手巧，可是他每次都把衣服穿得整整奇奇，鞋带也系得平平整整。这个好习惯一直到保持到现在。

爸爸知道，儿子的成长并不能同大人的效率相提并论。如果可以让孩子感觉到理解和支持，不以丧失信心为代价地学习，那么慢一点又如何呢？效率是孩子的敌人。对于男孩而言，学会扣纽扣、系鞋带需要更多的努力，这并不容易。爸爸知道自己要做的，就是给予孩子“最少的指导、最大的耐性和最多的鼓励”。

男孩需要成长的空间。这个空间包含两层含义：

一、学习的空间

本田宗一郎先生是日本大型企业本田技研公司的创始人。上小学时，他在班里是后进生，无论做什么都失败，成绩也不理想。然而，“正是因为当时的失败，才培养了我能独立思考、具有灵活性和创造性的大脑，”本田先生如是说，“从别人那里学到的东西与自己经过深思苦想得来的东西相比，其价值和应用的广泛性是大不一样的。”

学习包括学习走路、认字、阅读、系鞋带、扣衣服扣子、拧瓶盖、旋开门把手、爬树……不要对他说“这么慢”“不许失败”“你真笨”“我来替你做吧”之类的话，而应该放手让他自己做，并告诉他“失败了也没关系”。虽然他很慢很笨，可是他正在学习，这是一项神圣的工作。

二、心灵的空间

漫画家蔡智忠从小就对漫画有浓厚的兴趣，刚上中学时，因为学校改建，每天只上半天课，蔡智忠便借着这个机会，天天往漫画书店跑，他的休息时间，不是看漫画，就是自己画漫画。

因为太专注于漫画，蔡智忠的功课一塌糊涂。英文第一学期才考了三十几分，代数勉强及格。等到第二学期，代数也挂了“红灯”。蔡智忠遭到了留级的处罚。

这恐怕是蔡智忠人生的第一次大挫折。父亲当然十分失望，他知道，蔡智忠不是不聪明，只要他把精力的十分之一用在功课上，就可以应付自如。

然而就在此时，台北的一家漫画出版社写信给蔡智忠，邀请他去画漫画。

蔡智忠很珍惜这次机会，但是他心中并没有底，他不知道父亲会不会阻止他。

晚上，他忐忑不安地走到父亲身后，轻声说："爸，我明天要到台北画漫画。"

父亲没有抬头，边看报边问："有工作了吗？"

"有了！"

"那就去吧！"父亲极其平静地接受了儿子放弃学业的事实。短短十来秒钟，成为影响蔡智忠一生的重要时刻。

著名教育家陈鹤琴先生曾提出："凡儿童自己能够做的，应该让他自己做，凡儿童自己能够想的，应该让他自己想。"男孩有更多的独立性要求。对年幼的男孩来说，独立意味着父母的放手和支持，到了一定年龄后，男孩更需要一个身心都独立的空间，需要更多的可自由支配的时间。

给予孩子自由并不是盲目的。作为男孩的家长，了解孩子，给孩子一个思考和历练的空间是必要的。正如蔡智忠的父亲后来说："对儿子的行为，其实我一直都很注意。我知道他的兴趣和天分，所以给他自由，事情只要认真做就好。"

第5章

孩子孙悟空，爸爸如来佛

人们说，男孩是由蛇、蜗牛和小狗尾巴做成的——很难将这些组成男孩的神奇又乱糟糟的因素说得清楚。

停不下来的“问题男孩”

淘气的男孩很难管教，但十个男孩有八个都是淘气的。

他们总是那么精力充沛、一刻也不肯停下来：上房揭瓦、下河摸鱼、爬树、满院子追逐、欺负女生、与小伙伴打架……因此，有些家长经常不由自主地叹气：养个男孩真麻烦，他好像时时刻刻都在给你惹事。

一位儿童专家曾对4000多名男性小学生进行统计，其中在学校被称为“问题男孩”的竟然占到70%以上。于是，很多爸爸开始疑惑：“我的男孩到底怎么了？为什么他总是出现‘问题’？为什么他的精力总也用不完？”

其实，男孩们总是出现“问题”是有原因的。由于体内大量睾丸素的存在，他们每天需要更多的课外活动。但是，老师们为了防止孩子们发生意外，往往采取限制学生行动的做法，校外活动自不必说，甚至在学校操场的活动对男孩来说也是一种奢侈。那么，男孩过剩的精力用来干什么了呢？用家长的话说便是“做小动作、与老师顶嘴、欺负女生、为一点小事就打架……”于是，很多男孩都被贴上了“不听话”的标签。

一个读三年级的小男孩在日记本里记录了这样一件事情：

今天，我们班投票选举中队长，我胜券在握，因为我能感觉到，大多数同学在写选票时都在冲我微笑，这足以证明我在同学们心目中的地位。

然而，老师把所有的选票都看了一遍后，并没有唱票，而是直接宣布选举结果，而中队长恰恰是老师喜欢的一个女生。

我听后非常生气，要求老师唱票，但老师反而对我说：“老师有权决定谁来做班干部。”后来，老师还跟我讲了不选我的原因：“你上课不遵守纪律，频繁提问，甚至离开座位跟老师争论，这么不听话的学生怎么能当中队长呢？”

我很不认同老师的这种说法，因此，与老师大吵了一架……

在学校里，老师一般都会认为男孩淘气、不听话，进而给他们贴上“问题男孩”的标签。殊不知，爱玩、顽皮、淘气本是男孩的天性，如果男孩太老实、太听话，才真正出了问题，因为这违背了男孩的天性，他们长大了必然唯唯诺诺。

如果你的男孩是老师口中的“问题男孩”，做爸爸的千万不要对孩子发怒，更不能对孩子拳脚相加，这样只会使你的男孩问题越来越多。只要你引导有方，“问题男孩”也会成为让你欣赏的男子汉：

方法一：满足孩子的好奇心。

男孩的淘气行为往往是他好奇的表现，如果父母一定要管束他，他的好奇心不仅不会消失，相反还会越来越强烈。一旦好奇心得到满足，他就会对这种行为失去兴趣，他的这种淘气行为就会自然而然地消失。

军军突然对玩水很感兴趣，妈妈让他洗手，他却用手堵住水龙头的出水口，让流出的水溅的到处都是；小区的保洁人员给草坪浇水时，他却时不时地跑去捣乱；越是下雨天，妈妈越怕他感冒，他越是往外面跑，并且在雨中玩得不亦乐乎……后来，爸爸想了个办法，下雨时，不再控制军军这个爱玩水的“小猴子”，而是为他准备好小雨衣、小雨鞋，让他去水中玩个痛快。没想到，让他玩过几次之后，他竟然就对玩水失去了兴趣。

当男孩的好奇心得到满足后，他们的兴趣点自然就会转移到别的地方。相反，如果军军的爸爸想方设法对他的好奇心围追堵截，军军这种爱玩水的情况就会延续更长的时间。

方法二：让男孩对自己负责。

奇奇是个精力充沛的孩子，他总是能玩出很多花样，把小女生的芭比娃娃偷出来当武器、玩海盗游戏、跟小朋友抢积木、拆家里的闹钟……他的顽皮让爸爸妈妈伤透了脑筋。这不，因为听到同学说了一句他的坏话，他竟把人家刚买的文具盒故意弄坏了。

把人家刚买的文具盒弄坏，当然要赔人家一个新的。但奇奇只是个二年级的小孩子，他怎么会有钱呢？对于这件事情，在征得孩子同意的情况下，奇奇的父母是这样处理的：先帮孩子把文具盒买了还给人家，但买文具盒的钱要一点点地从奇奇的零用钱里扣回来。

虽然男孩有调皮、爱玩、爱捣乱等特性，家长也不能对孩子一味地迁就。当男孩闯祸后，如果父母每次都为他承担责任、为他解决问题，男孩就会没有一点内疚感，会把父母为他所做的一切当作理所应当的事情。而且，一旦父母没有帮他把事情处理好，或者没有能力再为孩子处理，这时，孩子就会埋怨家长，甚至会憎恨家长。对待孩子闯祸后应该承担的责任，家长们要切记，为了让你的男孩成长为一个真正的男子汉，你一定要从小给孩子灌输“自己闯的祸，自己负责”这一原则，并把它认真执行起来。

方法三：大胆让男孩去尝试。

男孩爱冒险的特性经常让家长们做噩梦。家长们常常在思考，用什么方法可以永远让孩子系上安全带，保证他们的安全呢？

暑假里，超市里的自行车正好特价，爸爸便给儿子小强买了一辆。没想到，自行车刚搬回家，这小家伙便急着要去学，爸爸怕他年龄太小，掌握不好自行车，就以天气太热为理由拒绝了他。男孩表面上听了爸爸的话，但等到中午，爸妈都在午休时，他便偷偷地自己下楼，把自行车从车库里推出来，在烈日下开始练习骑自行车。

由于怕把自己摔得太痛，这个聪明的男孩在刚刚修剪后的草坪上练习骑车。就这样，在不停的练习下，小强终于能够“骑”着（屁股并没有坐在车座上）自行车缓缓前进了。

正在小强欣喜时，忽然迎面有一棵小树，还没学会拐弯的小强不知道该怎么办了。由于行驶速度很缓慢，自行车只是慢慢向下倒去，聪明的小强也顺势把自行车一扔，自己跳下了车。尽管差点摔倒，但他仍然自言自语地嚷了起来：“真刺激，还想再来一次！”

但由于天气太热了，小强只好上了楼。刚刚进门，爸妈都在客厅里等他，小强不好意思地低下了头。这时，爸爸笑着对他说：“没摔着吧？我和你妈妈看了一中午自行车特技表演，我们的心都要跳出来了。好了，你没事就好，快去洗澡吧！”

小强张着大嘴，惊讶地看着爸爸说：“爸爸，你不怪我吗？”

“爸爸小时候也这样，别人越不想让我去做的事情，我越想去做，并且不喜欢别人的帮助。我知道，如果我强迫你不去学自行车，你会吃不香、睡不着的。”爸爸很平静地说。

正如小强爸爸所说的那样，男孩认定的事情就一定要去做。即使有时在家长的威胁下没有去做，但在家长不注意的时候，他们仍然会偷偷去做。所以，父母保证男孩安全最有效的方法就是：在你的控制范围内，大胆让男孩去尝试。

“小小破坏大王”

男孩的破坏力众所周知，常听父母们有这样的抱怨：

我家儿子纯粹是个“破坏大王”， 刚给他买了个电动小汽车，可没两天却被他拆成一堆零件；他还会把小闹钟、收音机大卸八块；有一次，他竟然把镜子打破了，事后还努力地用胶水粘，想“破镜重圆”……

没错，每家的小男孩都不“老实”，他们喜欢改造自己的玩具，想把它们改造成具有特殊功能的“超能玩具”，结果把玩具拆的七零八碎；他们还喜欢拆开收音机，看是谁躲在这小匣子里说话、唱歌……其实，这些都是男孩探索心理的表现。

与女孩相比，男孩的好奇心更为强烈一些。同样是玩变形金刚，女孩可能会给玩具安排一个动人的故事，而男孩却可能把它拆得七零八落。因为男孩希望知道这个玩具更多的用途，以及它是如何起作用的，而且，他们还希望自己能找到多种有创意的玩法。如果他们对这个问题没有搞清楚，就会理所应当地把玩具拆开来看个究竟。

这看似破坏的举动，实际上与男孩某些生理和心理特点有关。

男孩的自我控制能力也较差，当他强烈想知道“小闹钟是如何工作”时，虽然他也知道父母会反对他拆小闹钟的做法，但在强烈的好奇心和并不是很强大的责任感的稍微“斗争”下，他就会很轻易地选择满足好奇心——把小闹钟拆开看个究竟。

其实，男孩的“破坏性”也不是纯粹的破坏，而是显示着男孩的某种独特能力。比如，他会将一个小女生好不容易搭造的积木“宫殿”一举摧毁，但是尔后他又会盖起一座造型独特的“建筑”来补偿那位女孩；他把爸爸的闹钟拆得一塌糊涂，然而不一会儿，他却又奇迹般地把它重新装好，还修好了其中的小毛病……

作为一个合格的父亲，应该意识到，在男孩这些破坏力的背后，往往会隐藏着呼之欲出的天赋。因此，用强制方法压制男孩的“破坏性”是最不明智的做法。反之，如果能够把孩子带有探索性的“破坏行为”引向正路，任何一个男孩长大后，都会成为一个了不起的人物。那么，家长应如何对待男孩的“破坏性”呢？

方法一：尊重男孩的“破坏能力”。

漫画家蔡智忠四五岁的时候，有一次趁父亲不在，溜进书房玩耍。

看到桌子上瓶瓶罐罐里的墨汁，蔡智忠玩兴大起。他拿毛笔沾满红墨汁，东寻西找“作画”的地方。最后，他选择了客厅通往书房的墙壁作为画板。片刻之间，一个个小圈圈组成的小人跃然墙上。

父亲回来后看到了蔡智忠的大作，不由得火冒三丈。他追着儿子，看样子就要大打出手。然而，父亲后来并没有这么做，他只是骂了蔡智忠两句，然后居然给他买了一块小黑板和一些画笔。蔡智忠喜出望外，从此，这块小黑板成了他艺术想象力自由驰骋的天地。

如果蔡智忠的父亲没有给儿子买小黑板和粉笔，而是给他一顿打骂，那也许一位天才的艺术家就会因此而夭折。所以，每一位家长都要正确地对待男孩的“破坏能力”，千万不能让天才消失在自己的棍棒下。

男孩往往都会这样，你理解他、尊重他，他就听你的话，就会用正确的方法、手段去探索事物。因此，对待男孩的“破坏性”，家长应客观地分析其动机，在尊重、鼓励其探索能力的前提下，把孩子的“破坏性”

引向正途。

方法二：发现并挖掘男孩“破坏性”背后的天赋。

男孩的“破坏性”背后隐藏着很多天赋：探索能力、创造才能、思维能力、动手能力……因此，做父母的千万不可小瞧孩子的“破坏行为”，如果家长用正确的方法引导，孩子一定会在某些方面表现出特殊的才能。

男子汉小波从小不喜欢汽车、手枪等男孩标志性的玩具，而单单对玩积木着迷。他会把别的同学盖的“大楼”推倒，而后再帮人家设计一座“宫殿”；他会把爸爸的小皮箱挖个洞，给他的小白兔当卧室。

针对儿子的这种破坏行为，小波爸爸没有过分地批评孩子，而是一点点地把孩子的爱好引向了正路，比如，经常有意识地带儿子去参观各种风格的建筑；给他买图片书；跟他一起做搭积木游戏，并比赛看谁搭得又快又别具风格……这些正是小波所喜欢的，在爸爸的支持和引导下，小波渐渐地对那些“小房子”着了迷。从此，研究“小房子”便成了他的业余爱好。

更让爸爸欣喜的是：在一次儿童比赛中，小波自己设计的建筑竟然获得了特等奖。并且，由此开始，小波有了自己的理想，长大以后一定要做一名出色的建筑师。

父母仅仅不打击孩子的“破坏”行为还是远远不够的，孩子毕竟还小，他们意识不到自己的才能和天赋。再加上男孩的自控能力比较差，遇到一点困难，便会打“退堂鼓”，如把小闹钟拆开了，但装了一会儿没有装上便不管了。因此，家长们要采取积极的手段，把孩子“破坏性”背后的天赋引导出来。

淘气的男孩让父母很头疼

男孩们总是让父母感到头疼，因为他们实在太难管教了。

他们每天都让人不得安宁，比如，很多男孩子喜欢爬到家具上，再从家具上跳到床上，因此家里的床垫被他们跳出一个大洞；他们还喜欢到楼下的小花园里去爬树，甚至还学“蝙蝠侠”在树与树之间窜来窜去。如果不小心，他们还会从几米高的树上摔下来……害的父母整天为他们提心吊胆。

事实上，大多数男孩都是这样，喜欢爬上爬下，即使挨过好几次摔、挨过好几次打，他们还是会对这些冒险的行为乐此不疲：喜欢搞破坏，他们会把所有的屋子都搞得乱糟糟却还意识不到自己的错误；喜欢打架和欺负别人，因此总需要父母为他们收拾残局，不是送他们去医院，就是送别人去医院……因此，父母往往会对这些调皮的男孩束手无策。

也许正因如此，古希腊的哲学家柏拉图早在2300多年前就这么写道：“在所有的动物之中，男孩是最难控制对付的！”

为什么会这样呢？男孩、女孩同为小孩子，为什么男孩会如此难管呢？

其实，主要原因在于男孩体内的荷尔蒙睾丸素，它是雄性特征的体现。从襁褓期开始，男孩的体内就有远远大于女孩的睾丸素在分泌，他们更需要一些冒险的行为去释放自己的能量。儿科医生也认为，睾丸素会使得男孩的行为不同于女孩。

另外，众多儿童心理学专家也认为，男孩爱冒风险、专断自负、斗殴竞争、争吵、自吹、喜欢出风头等特点与睾丸素的分泌直接相关。因此，这正是男孩比女孩更不好教育的原因。

了解了男孩与女孩的不同，父母们肯定会对自己的男孩有了全新的认识。那么，在以后的日子里，父母们应该怎样对待男孩表现出的种种夸张而又怪异的行为呢？以下几点方法值得父母们借鉴：

一、理解他，引导他

中国人传统观念上一直要求孩子要静，总是想办法约束孩子的行动。其实，父母们应该明白，爱动、好冒险是男孩的天性，他们需要广阔的空间和自由的行动，他们依靠运动和攀爬来燃烧体内的睾丸素并促使大脑健康发展。因此，当你的宝贝儿子又在虐待他的玩具或“修理”家里的小件电器时，爸爸妈妈请不要束缚他，而是要在不干涉他的前提下尽量保护他的安全，并且相信他的能力。

二、让男孩学会自我管束

邻居家的小妹妹刚走进房间，小刚就挥起手中的“金箍棒”打过去，虽然没有把小妹妹打疼，但却把她吓了一跳，小刚因此哈哈大笑。小妹妹走后，爸爸针对小刚的这种不礼貌行为，狠狠地教训了他一番。

事实上，男孩都有很强的进攻性，他们的这种进攻心理，有时是因为好玩、有时则是因为愤怒。不管是什么原因，当孩子出现无理攻击的倾向时，家长都应该及时让孩子明白，这种行为是不正确的。家长可以通过让孩子看一些好的电视节目、给他们讲一些好的故事，来告诉孩子什么行为才是正确的。

另外，家长还可以把这些电视节目、故事上升到价值观、道德观的高度，以培养孩子正确的价值观和道德观，从而让孩子用这些规范来约束自己的行为。

淘气男孩不能粗暴对待

中国自古就有棍棒之下出孝子的古训，似乎粗暴的管教是让男孩成为男人的唯一方法。于是，在这种思想的影响下，很多父母认为，男孩需要严格管教，以鞭策他成长。

当然，这种做法实在是大错特错。

粗暴的管教，不管是身体的处罚或是言语威胁，都带有轻视、诋毁、找人代罪或是威胁的成分，绝对不适合任何一个孩子。男的敏感，比起女孩更是有过之而无不及。许多为人父母者也意识到，他们对于儿子的教育方式比对女儿来得更加粗暴。

而父亲，通常是施暴的主角。

但是，当我们在讨论人对于愤怒与伤害的容忍度时，这个假设就显得非常滑稽。不管男孩或女孩，当他（她）遭受来自身体或言语的过度尖刻、不公的对待时，他（她）不是发展出强力的、愤怒的防卫机制来抵制这种对待，就是变得伤痕累累。许多在幼年时期遭受打击、羞辱或侮辱的男孩，在长大后也会以同样的方式对待别人。

保罗是位聪敏、教养良好、成功的私人企业主管，他的妻子也同样成就非凡，三名子女也才华洋溢，其中男孩十二岁，两个女儿小一点儿。在他们那个高档的小区中，这一家人被认为是高成就的，因此也非常闻名，受到大家的尊敬。

大部分时候，保罗跟他那聪明、体贴且乐于讨好别人的儿子相处甚欢，但有时候在男孩表现上傲慢无礼的举动时，保罗也会毫不留情地给他一耳光。这个行为对两个人都有很大的影响，保罗很惊讶自己的暴力行为，同时也懊悔不已，总是会到儿子房里跟他道歉。他的儿子充满着惊吓与愤怒，完全无法接受道歉。他不原谅保罗，好几天都不跟父亲说话，静静地躲在墙角，行为冷淡，无视父亲的存在。

保罗教育儿子的态度，和他自己的成长经历密不可分。

保罗成长于五十年代，在五个兄弟中排行居中。从许多方面来看，他的家都可谓一个普通的家庭。他父亲是一家油漆公司的推销员，工作勤奋；母亲是一位传统的全职家庭主妇，辛苦带大五个儿子与一个女儿。他的父母遵守去教堂做礼拜的规定，也笃信严格教育是必需的。保罗说，在家里，处罚方式是有性别差异的。当他的妹妹有行为偏差或是不自重的行为时，妈妈会掴她耳光；如果是男孩不听话，就由爸爸用皮带抽打。不管是大庭广众或在家里，父母都一样用相同的方式对待他们。

保罗想起一件事，发生在全家要去旅行的路上，车内一片闹哄哄的，他爸爸把全部男孩叫下车，开始用皮带抽打。除了最小的五岁弟弟，保罗和其他兄弟爬出充满灰尘的车，等着接受惩罚。最小的男孩拒绝合作，他跑到放行李的地方，他的父亲追着他跑，手上拿着皮带。最后，爸爸抓到这个偷溜的小男孩，在车里狠狠地抽打起来。之后，他停了下来，开始对其他静静等着受罚的男孩做相同的事。他们一个接着一个，就这样在路边被父亲鞭打。之后，他们全部爬到了车子的后面。当车子再一次上路时，车内一片鸦雀无声，只有车后面一群小男孩的静静低泣。

保罗并非具有暴力倾向的典型，不像是那些我们在犯罪统计或是报纸杂志中看到的暴力狂，但现实是，每当他多发一次脾气，他就愈接近暴力狂的边缘。长久以来，他接受暴力的管教——来自童年时期粗暴的双亲严格的惩罚。虽然，他很努力地要忘却这些不愉快的成分，但他的脾气已经成型了。一旦他发现任何反抗行为，根据他在管教中学会的，他开始用父亲的方式对待自己的儿子。

找对办法，男孩就不难管

很多家长抱怨男孩难管，其实是没有找到正确的管教方式。一味迁就，或者一味粗暴的方式当然管不好。相反，如果能找到正确的方法，再调皮的男孩也能管好。

一个3岁的小男孩一直想登上一座高高的童话城堡。他太小了，爸爸告诉他现在还不能玩这个游戏。但男孩好像没听见，还摆出了爸爸不让他玩，他就不回家的架势。

事实上，越是不现实的事情，男孩越想去尝试，这正是他体内的睾丸素在起作用。从襁褓期开始，男孩就不像女孩那样心安理得地接受挫折，也不喜欢接受他人的帮助。通常他明明知道自己力所不能及，感情上却不能够很快地接受，但他还是要坚持不断地尝试。这时，家长就应该给他足够的时间去调整心态。

事例中的爸爸是这样做的：

爸爸看到孩子不达目的不罢休的架势，便陪孩子在城堡下面的椅子上坐着。一会儿，一个7岁的小姑娘玩累了，来小男孩所坐的这个椅子上休息。当小男孩的爸爸把小男孩也想去城堡上玩的想法告诉这个小姑娘时，这个小姑娘马上对小男孩说："不可以的，你太小，上面的游戏有点危险，我小时候爸爸就没让我玩。还有，上面几乎都是我这样大的孩子，他们不会跟你玩的。"说完，小女孩又跑去玩了。

小男孩似乎相信了小姑娘的话，便主动要求爸爸带他回家了。

在孩子接受自己不能去城堡玩这个事实的过程中，爸爸没有说太多的话，而是借助别的孩子的口，说出了他想说的话。这样，孩子会更容易、更迅速地接受这个事实。所以，当孩子固执地坚持一件事情的时候，家长不妨借助他的同伴的口，说出你想说的话。

6岁的虎子忽然对电很感兴趣，有一天，他竟然拿着一根小铁丝要去试插座的插孔，看有没有电。当然，这个可怕的行为及时被爸爸发现了。但是，聪明的爸爸并没有勒令儿子马上住手，而是快速地走到孩子身边，对他说："宝贝，你在玩什么好玩的东西？来，爸爸给你找个东西，比小铁丝更好玩。"说着，爸爸带着孩子去另外一个房间找来了一只测电笔。

孩子用测电笔去接触接线板的插孔，测电笔的灯立刻亮了，而测电笔离开插孔时，灯又熄灭了。看着这种奇怪的现象，孩子拍着手一边跳一边喊："爸爸，真好玩，真好玩！"

这时，爸爸才认真地对儿子说："儿子，你手里拿的这个小玩具叫测电笔，它是用来检测电线、插座是否有电的。实际上，它不是玩具，是人们用来防止触电的工具。你知道爸爸为什么不让你用小铁丝做这个游戏吗？"

孩子若有所思地摇摇头。

"因为电是很可怕的，它会通过小铁丝传到人的身体上，会把人电得很痛，有时甚至会把人电死呢。"

"那为什么用测电笔去触电人就不会死呢？"孩子歪着小脑袋问。

"儿子，你这个问题问得真棒，爸爸问你，电线的外皮是用什么材料做的？"

"塑料呀。"

"对呀，塑料能够包住电，所以电线中的电才不会跑出来。你看这个测电笔，手拿的这一端不就是塑料吗？所以，它才不会使人触电呀！"

孩子听了爸爸详细的解释，很满意地对爸爸说："爸爸，我明白了，谢谢你。"

也许，遇到这种情况，一般家长的做法都是勒令孩子住手，然后给孩子讲电的可怕性。但这位家长却没有这样做，这正是因为他了解男孩的心理。成长中的孩子往往好奇心很强，尤其是男孩又有很强的冒险心理，虽然这次他"试电"的行为没有得逞，但他会在爸爸妈妈不注意的时候再次进行他的冒险试验，这样的结果往往会更可怕。而上面事例中的家长既满足了孩子的好奇心，又让孩子通过亲手做试验了解了电的可怕性，这样，孩子不但不会再做用铁丝试电的事情，而且在任何情况下都会对电表现出谨慎。

爸爸要做如来佛，让男孩“服你”

男孩就像孙悟空，要想管住他，爸爸必须要做如来佛。

男孩是天生的竞争者，他们希望自己在竞争中博得头筹，并把某一领域（尤其是事业）的成功（或成绩）作为生活的目标。在家里，他们最希望知道的问题是：“谁是头？”接踵而来的问题是：“规则是什么？必须按规则办事吗？”

因此我们看到那些男孩，即使他们还没有掌握挑战世界的技能，就已经蠢蠢欲动，希望自己大展拳脚了。他们对征服的渴望促使他们投入到一场场“战斗”中，这些“战争”最初可能只是表现为海盗游戏。

刚刚认识了一群新朋友，女孩最想知道的是：我能与哪个小伙伴成为亲密的知心朋友；而男孩迫切需要知道的是：谁是这群孩子的头？

刚刚到了一个新的班级，女孩最关心的是：这些陌生的同学会不会欺负我；而男孩更关心的是：谁是班主任？谁是班长？……

美国的艾里姆夫妇在名为《养育儿子》的畅销书中也曾提到：“走进男孩的世界，我们会发现，在任何场合，男孩最关心的事情都是：谁是头？”

为什么会这样呢？

我们只能说，这是由于男孩强烈的竞争心理造成的。事实上，从妈妈受孕那一刻起，“Y”染色体已经决定了这个小婴儿体内有远远大于女婴的睾丸素，在妈妈的肚子里，这些睾丸素便赋予了男孩不同于女孩的天性——冒险、争吵、自吹、争斗等。因此，强烈的竞争欲望是每个男孩的天性。

那，“谁是头”与男孩的这种竞争天性又有什么关系呢？

行为心理学家认为，每个男人都有当头的欲望，每到一个新的领域，男人之所以关心“谁是头”，是因为他想知道这个新领域的规则是什么，当“头”有什么具体的条件，然后与自己已有的条件对比，确定自己今后努力的方向，与现在的“头”去竞争。

因此，对于成年男人来讲，这种天生的特性会演化成不断进取的力量。但对于男孩来说，却并非如此。如果没有正确的教育，缺乏正确的引导，男孩不断进取的天性或者会消失，或者会促使孩子走向相反的方向。

第6章

教育孩子，一定要对症下药

在对待孩子的教育问题上，不同的孩子应该分别对待。每个孩子都有自己的特点，一把钥匙开一把锁的教育方法才能达到良好的效果，对一些特殊类型的孩子，更应把握“对症下药”的原则。

利用男孩“争强好胜”的心理

每个男孩都会有争强好胜的竞争心理，如果爸爸能够善于利用这一点，对孩子的管教一定会事半功倍。下面就是一个很好的例子：

李健的房间总是乱糟糟的。妈妈建议他收拾一下，李健说：“我不喜欢收拾屋子。”

“可是你不认为你的房间太乱了吗？”

“那有什么关系。”李健答道，“爸爸的书房也很乱啊。”

的确是这样，妈妈哭笑不得。她也建议丈夫去管管儿子。结果，儿子对爸爸的回答一样。不过，妈妈很快想出一个好主意。

“来一场比赛怎么样？我来打扫厨房，你打扫自己的房间，爸爸打扫书房。我们看谁干得又快又好。”“好啊”儿子很高兴地同意了。

打扫完屋子，他们还建议去花园锄草：“我们看谁锄得快！”

竞争是男人的天性，各个年龄段的男人都一样。他们喜欢品味胜利的喜悦，这种天性策动男孩去追求成就，从而内化为成就欲。所以，如果男孩不听话，做父母的不妨“激”他一下。小男子汉往往最受不了别人“激”他，只要父母认识到这一点，并时刻开动脑筋，这些小男子汉就会乖乖地去做你想让他们去做的事情。但是，父母们也应注意，不可过多、过分地去“激”他们。不然，这些不谙世事的孩子认同了你的观点，真的认为自己“这也不行”“那也不行”，他们便会“破罐子破摔”，不再去努力。

“爸爸，告诉你个好消息，我这次考试终于超过小明，前进了三名。”

快乐无比的小男孩兴奋地对爸爸说。

“那现在你在班上排名多少呀？”爸爸不动声色地问。

“十五名。”儿子感觉到了不妙，小声地说。

“你看，一问你班级的排名，你的声音就小了吧。前进三名有什么了不起的，至于这么高兴吗？快去做作业，争取下次考第一。”爸爸不耐烦地对儿子说。

儿子不再说话，蔫蔫地回到了自己的房间。

男孩普遍有强烈的竞争心理，当他们真正达到自己心中的目标时，便会产生一种成就感。而对于男孩来说，成就感是促进他充分发展潜能的重要动力之一。

但是如果男孩的这种欲望被家长忽略，没有得到家长的认同，或者家长不但没有认同，反而从某一角度打击他，这时，男孩就会缺乏前进的动力，潜能就很难再被激发，甚至其人格也会因此受到伤害。

就像上面故事中的儿子一样，虽然已经超过了自己心中的那个目标，但爸爸却拿班级排名来刺激他，使他的成就感得不到满足。因此，下次考试后，这位爸爸肯定会失望，因为一个成就感得不到认同的男孩，很难继续努力下去。

所以，告诫天下的父母，请倾听男孩的心声吧，尊重并认同他的成就感。男孩需要你帮他建立起关于成就、胜利、赢、竞争等词汇的健康概念。其实，家长们不用担心男孩这种过强的竞争心理，性别赋予他们巨大的能量，这是男孩的优势所在。因此，当你试图想通过你的“高招”，对男孩进行重新“编程”时，你不如这样做：告诉你的男孩要遵守竞争的规则——公平、公正、正当，然后就放手让他去争吧，这样将更有利于这个小男子汉的成长！

当你的男孩“竞争的苗头”开始向外冒时，爸爸妈妈不要着急，更不用慌张。如果你巧妙地利用这个小家伙的这种心理，你会惊奇地发现：教育男孩，原来就这么简单！

也许你的儿子现在还很小，但是，他却经常会对你讲起他的目标、他想赢过谁以及他所取得的成绩。这时，你千万不能胡乱搪塞他，因为孩子在这一方面的感觉是很敏锐的。另外，万万不可打击孩子，因为这样做会使你的男孩很受伤。

对男孩的成就，一定要及时肯定

每个男人都有一种成就欲，这在他很小的时候就显现出来了。

也许男孩并不知道什么是成就欲。他知道有一些东西困扰着自己，但又说不出来。以下这些句子或许可以帮助男孩廓清思路：

“我喜欢尽最大努力去做成功一切事情”；

“我喜欢将我答应的事情办成功”；

“我喜欢在某个专门项目上成为最棒的人”；

“我喜欢我能自豪地说我解决了一个难题”；

“我喜欢做一些非常重要的事情”。

如果这些信念占据男孩的大脑，我们就应该相信男孩会在以后的人生道路上克服困难，斩荆披棘。所以，对孩子进行适时的肯定是重要的。这种肯定会使孩子确认了自己的判断，对自己的能力感到惊喜，他的下一次努力就显得信心十足。

当成就欲一步步提升，孩子的潜力也逐步会被发掘出来。

男孩需要肯定。肯定男孩就是给他提供最大的机会。男孩正通过父母的眼光看自己，父母的爱、理解、信任和鼓励是男孩的强心剂。特别在男孩遭遇挫折的时候更是如此。

7 岁的小名已经是四年级的学生了。因为父母的教育方法得当，小名对学校的功课应付自如，甚至开始利用课余时间自学高年级教材。

有一次四年级部组织运动会，小名报名参加了短跑比赛，可是得了最后一名。

小名难过极了，他还没受到过这样的打击呢！很长时间过去了，他还没从这种失意的状态中摆脱出来。

“儿子，还在为那件事难过吗？”爸爸问。

“是啊，我跑了最后一名，太丢人了。”

“可是你有没有想过其中的原因？”爸爸说，“你比同学们年纪小啊，他们的腿都比你长很多。”

爸爸继续说：“我问过你的体育老师，他说你是同龄孩子中跑得最快的，这场比赛对你不公平。等你到‘四年级的年纪’时，一定跑得比他们快。”

“爸爸相信下次你会做得更好！”爸爸最后补充说。爸爸的话很快让小名从失意中走出来。

在大多数情况下，儿童的胜任感和自卑感受到家长对他们成绩反应的影响——男孩受到的表扬越多，他们对自己的期望就越高，就越努力，相反，受到的表扬越少，男孩随之产生的自我期望和努力就越低。

当男孩受到挫折时，家长应该给予正向的回馈，帮助他们总结原因，提出改进意见并加以鼓励。责备和禁令是十分有害的。“你怎么这么笨呢！”“这都是不听话的后果！”……家长的冷嘲热讽会大大加剧男孩失败的情感体验，进而打击他们的成就感。

男孩大都有多动症

“孩子们，吃饭了！”

双胞胎兄妹山山和小小从学校放假回家了，家里一下子又热闹起来。妈妈可高兴了，给孩子们准备了很多好吃的，有糖醋排骨、葱油鲫鱼……桌上尽是兄妹俩爱吃的菜。

小小一直在厨房帮妈妈“打下手”，还喋喋不休地讲述着学校里的趣事，会说英语的食堂大师傅，蓝眼睛的外教老师……当然，还少不了图书馆里帮她占位子的男生。

直到该吃饭了，妈妈才发觉儿子那边似乎没什么“动静”。妈妈冲着山山的房间喊了几遍，山山也没有出现。

出去了？妈妈打开房间的门，原来山山正在聚精会神地、紧张地在电脑上忙活呢。只见他眼睛紧紧地盯着屏幕，肩膀高耸，手指在飞快地敲着键盘，摆出一副“两耳不闻窗外事”的姿态——不过他的确什么都没有听见。

“耶！”不一会儿，山山突然挥舞双手，跳起来，大喊，“我成功了！”

真是男孩子。看到这一幕，妈妈轻轻地摇了摇头，理解地笑了笑。

山山一直都是个精力充沛的孩子。小的时候他就玩出很多花样，上房揭瓦、下河摸鱼、爬树、满院子追逐、把妹妹的芭比娃娃偷出来当武器、玩海盗游戏、跟小朋友抢积木、拆家里的闹钟、做火箭试验……他的顽皮曾经让爸爸妈妈伤透了脑筋，甚至让老师把他从班干部“贬”为“平民”——那一次，山山发现自己没有入围新一任的班干部，耷拉着脑袋，很是沮丧。旁边的小朋友嘲笑他说："谁让你顽皮呀！"这话一出，引得山山愈加火冒三丈起来，伸出小拳头就向旁边的小朋友挥过去，为此山山遭到了老师严厉的批评。

幸运的是，这个看起来似乎有点多动症的莽撞小男孩有一对知识丰富、明智的爸爸妈妈。他们理解小男孩的攻击性、冒险性和破坏力，懂得如何释放小男孩的精力，对他的调皮捣蛋予以容忍，并理智对待他的固执和发火。他们知道最重要的，是让他明白有些事情是可以做的，而有些却不能，还有，如何当一名真正的男子汉。山山在爸爸妈妈的支持下健康快乐地长大，长成一个彬彬有礼、又富有朝气的小伙子。

山山曾经被认为是一个不懂礼貌的孩子。有一次，妈妈的朋友带着女儿来串门，刚一进门，就遭遇了伏击。原来躲在一旁的山山挥起手中的"金箍棒"向客人打过去，把小妹妹吓得直哭。

还有一次，山山跟同学良良扭打在一起，他俩被老师叫到办公室。老师问明了情况才知道，良良把山山同桌小美的辫子拴在椅子上，让小美摔了个跟头。在家看了《奥特曼》的山山正摩拳擦掌，看到这一幕，就"理所当然"地把良良当作怪兽来"消灭"了。

从表面看，男孩的攻击行为有很多原因，也许是仗义执侠，也许是调皮捣蛋，有让人理解的原因，也有一时的头脑发热。不管怎么说，男孩的攻击性是潜在的性别因素，而女孩一般不会出现类似的行为。即使在能力允许的情况下，大多数女孩也不会将暴力作为解决问题的方式，至于女孩的刻意攻击，则一般表现在语言上。

家长应该正确对待男孩的攻击性。在大人看来，山山欺负小妹妹是极不礼貌的行为，那么山山怎么看待这件事呢？他只是觉得好玩，礼貌对他来说还是一个比较抽象的词汇。家长们与其斥责孩子，甚至用体罚的方式加深孩子对于这件事的认识，不如先用简洁的语言告诉他什么是礼貌，以及懂礼貌的孩子是好孩子的观点，然后在以后的生活中通过不断举例（例如公交车上给老人让座）加深他的“礼貌”意识。

给男孩灌输道德观、价值观是必要的。让男孩明白怎样做才是正确的，以后碰到类似的事情该怎样做。不要一味地对男孩大吼大叫，应该尊重男孩，并教会男孩懂得自己的自身价值。当男孩意识到这一点，就会自觉地学习用规范来约束自己。

对于孩子的自律教育不能一蹴而就。脾气急躁的家长更要认识到这一点。不良或经常性的处罚并不能让男孩认识到自己的错误，只会让他感觉难堪、压抑和痛苦。

让男孩把多余的精力释放出来

男孩是精力充沛的，荷尔蒙带给他们攻击性、冒险欲和破坏力，必须通过一定方式表现出来。所以，释放精力是他们日常生活的方式，从中他们感受到成长和满足。

反之，如果男孩不能找到一个有创意的、合法的方式来获得这种感受，他的冲动就会以破坏性的方式表现出来。如果这种欲望受到压抑，男孩就会变得抑郁，自我贬低，并伴随一种痛苦的无助感。

消极的评价对孩子的伤害是如此大，它可以毁掉孩子的自信、乐观，将懦弱与自卑灌输进孩子幼小而脆弱的心灵。成就感对被伤害的孩子而言是奢侈的。一个对自己丧失信心的孩子怎么可能有所成就呢？

聪明的家长们会试图帮助男孩寻找恰当的释放渠道，给予男孩充足的缓解时间，最重要的是帮助男孩建立正确的人生观和价值观，这是他们最牢固的防线。另外，提高男孩的耐心指数也是必要的。

看起来，男孩子到处跑来跑去，片刻也不得安静。但这并不意味着，男孩子们将来都是一副火爆脾气。事实上，男人们的性格差异还是很大的：有的是急脾气，很容易就发火；有的却慢条斯理，性格沉稳。当然，很多因素会对一个人的脾气性格产生影响，比如耐心——下面的一些措施可以帮助男孩提高耐心指数：

正如成长没有速成班，任何事情也都有其自然发展的规律。对家长而言，看着孩子成长就是一种乐趣，为什么不把这种乐趣传递给孩子呢？学习的过程是美好的，工作的过程也是美好的，没有过程的获得便失去了收获的乐趣。成长给予我们另外的启示是：由浅入深才是科学的学习规律。

坚持有规则的运动。运动的作用是神奇的。适度的运动不仅可以强身健体，对心情也有很好的调节作用。每天进行一定量的运动锻炼，也是对孩子耐心的考验和培养。

别对孩子期望过高，父母过分的期望往往会给孩子带来莫大的压力。要求孩子考一百分，要拿第一名……似乎孩子就是为了满足父母的要求而出生、存在的。孩子背负着这样的压力，焦躁情绪可想而知。

父母最容易犯的错误是把自己的希望和要求强加给孩子，从而残酷地扼杀了孩子自己的梦想和爱好。如果孩子对目前做的事丝毫没有兴趣，并且还带有被迫的情绪，又怎么会有那耐心呢？还是让孩子做自己感兴趣的事吧！

给男孩机会，让他战胜困难

一次偶然的机会，一位父亲曾问过我这样一个问题：“我平时挺注重对儿子的言传身教的，遇到困难我从来都是挺身而出，但为什么我的儿子遇到困难还总是退缩呢？”因为与这个家庭做邻居已经将近10年了，所以我对这位父亲的教育方式以及这个男孩的表现都很了解。这家的男孩之所以遇到困难就退缩，主要原因在于这位父亲。就像他自己所说的，他注重对孩子的言传身教，遇到困难他从不退缩，而是积极地挺身而出与困难做斗争，这位父亲的观念和做法是正确的。但问题的关键是，不管是父亲自己的困难、家庭的困难，还是孩子的困难，他都挺身而出，那孩子又如何有机会去面对困难呢？又如何能体会到战胜困难的乐趣呢？

所以，我把这个男孩退缩的原因归结为这位父亲的“越权”，即他把儿子的难题和障碍都解决了，儿子没有机会去真正地面对困难，当离开父亲再遇到困难时，他自然就会退缩了。当然，这只是一个特例，在大多数家庭中，由于女性的细心及母爱的天性使然，妈妈才是最容易“越权”的。就拿那些年龄较小的男孩为例，由于他们在精细动作以及语言表达方面比女孩弱得多，所以他们常常被妈妈看作“重点保护对象”。例如，当男孩因为扣子系不上而着急时，妈妈马上就会帮他把扣子系好；当男孩向别人讲述一件事情总讲述不清时，妈妈马上就会抢着做他的“发言人”……总之，不管男孩遇到什么样的困难和挫折，妈妈总是积极为他扫清障碍。

其实，在这些情况下，为了培养儿子的坚强品质，明智的父亲应该懂得监督妻子不要剥夺儿子面对困难和挫折的机会。

我就曾亲眼看到过这样一个场景：

在商场中，一个差不多4岁大的小男孩鞋带开了，他把脚伸向爸爸，但他的爸爸却严肃而不失温和地对他说："鞋带开了，自己系上。"

小男孩蹲在地上吃力地系着鞋带，这时，刚刚赶到的妈妈想要蹲下来帮忙。但小男孩的爸爸却急忙阻止，并对她说："儿子已经有能力系鞋带了，这件事情应该由他自己来做。"

对于4岁左右的小男孩来说，由于他们精细动作的发展还不是很完善，所以系鞋带对于他们来说就已经算作是一个小难题了。但只要努力，他们完全有能力自己解决这一难题。

案例中这位父亲的做法非常理智，他不但自己没有"越权"帮助儿子去解决难题，而且阻止妻子给儿子帮忙，他这样做实际上是为儿子争取与难题做斗争的机会。对于这些年龄较小的男孩来说，如果遇到难题就有人替他们解决，那他们永远也没有机会学着去坚强。所以，作为一位理智的父亲，当你看到妻子又在剥夺儿子与困难做斗争的机会时，你就应该拒绝她，为儿子争取养成坚强品质的机会。

面对难题，与儿子并肩作战

在日常生活过程中，细心的家长都会发现，与女孩相比，小男孩是不会轻易向困难和挫折屈服的。但家长们也许也发现了，随着年龄的增长，男孩们越来越爱哭、越来越容易向困难和挫折妥协了，这是为什么呢？

家长们不要奇怪、也不要抱怨，男孩之所以变得爱哭、容易向困难妥协，主要原因在于你——男孩的爸爸。在这里，我想问男孩的爸爸以下几个问题：

你与儿子一起与困难做过斗争吗？

你知道如何去激发儿子的“斗志”吗？

你懂得如何培养儿子的“征服欲望”吗？

如果你的回答都是否定的，那你的儿子变得爱哭、容易放弃就是很自然的情况了。

为什么会这样说呢？

下面这个故事，是一位女士讲述她的丈夫是如何教儿子坚强的：

一个周末，我正在洗衣服，突然卫生间的下水道堵了，我们一家三口几乎用尽了所有办法，但仍然也没有把下水道“治服”。闻着卫生间里那股臭臭的味道，儿子皱着眉头说：“这臭味快把人熏死了，妈妈，快找物业的师傅来帮忙吧！”

听儿子这样说，我也有点受不了那股呛鼻子的臭味了，刚想说“也花不多少钱，就让物业的师傅来弄吧”。但丈夫却使劲向我使眼色，我明白了他的意思，所以就没把这些话说出口。

这时，丈夫把儿子叫到跟前，用一种非常轻松的口气对他说：“儿子，咱父子俩一起向这个下水道‘宣战’怎么样？我就不相信，咱俩还治服不了一个小小的下水道！”

听丈夫这样说，儿子立刻来了精神，认真地投入到与下水道的“战斗”中。

了解男孩的家长都知道，男孩都是好斗的。换句话说也就是，每个小男孩身上都有一股天生的“征服欲望”。但如果家长把男孩所遇到的困难和挫折都统统解决掉，那男孩身上的那股“征服欲望”就会逐渐退化，直至消失。所以，从培养男孩坚强品质的角度来讲，爸爸不但不应该帮助儿子解决困难，而且应该制造困难与儿子一起解决。

就像上述案例中的情况，如果父母都因为受不了下水道的那股臭味，而找物业的师傅来帮忙，下水道很快就可以修好，但这却会使父母丧失一次非常难得的培养儿子坚强品质的机会。当然，故事里丈夫对儿子的教育之所以会成功，还有非常重要的一个原因，那就是他懂得运用儿子的“好斗”心理和“征服欲望”。在下水道总也修不好的情况下，如果丈夫这样对儿子说：“儿子，我们要坚强，我们不能向困难低头，我们一定要把下水道修好！”听到这种老生常谈的大道理，也许儿子早就会因为厌烦而找借口离开了。但丈夫却用了一个非常巧妙的说法——向下水道“宣战”，这样，儿子的“征服欲望”就被极大地调动起来，这种状态是最有利于培养儿子的坚强品质了。

所以，要想把儿子培养成坚强的男子汉，爸爸必须要掌握这两点技巧：

一、要给男孩机会，让他去面对困难；二、善于利用男孩的“征服欲望”，给“坚强”和“不放弃”换一种名称——向困难“宣战”。

第7章

真正男子汉，爸爸来培养

培养孩子坚强的品质，是爸爸不可推卸的责任。尤其是对男孩，能否成功蜕变为一个男子汉，关键就在于爸爸能否在他成长的过程中，真正发挥作用。

提升男孩坚强品质

在一次夏令营活动中，我接触到了这样两个男孩——王威和李震：

这两个男孩同岁，在同一个班里读书，但他们在面对困难时的表现却截然不同：爬山时，因为山路陡峭，王威不小心把脚崴了，这时，他坐在山路上边哭边抱怨：“早知道这么倒霉，我就不来参加这破夏令营了！”当老师来安慰他时，他还哭着对老师说：“老师，咱们快点回家吧！”而同样是崴了脚的李震的表现却与他完全相反，发现自己的脚崴了，李震马上对身边的同学说：“我的背包里有药水，涂上一些应该还可以继续赶路。”当随行的校医赶来给他治疗时，他还忍着疼痛跟大家开玩笑：“涂上药水，我的脚丫跟红烧猪蹄的颜色一样，你们可千万不要忍不住咬一口呀！”

当时我就很奇怪，两个年龄相同的男孩在面对困难时的表现为什么会如此不同呢？一个遇到困难就退缩，一个不但能够坚强地面对困难，而且还积极地去寻找解决问题的方法。带着这样的疑问，我走访了这两个孩子的家庭。通过这次走访，我终于明白这两个孩子的表现为什么会存在如此大的差异了。

王威的爸爸平时工作很忙，而且经常出差，所以王威平时跟爸爸相处的机会很少，而王威的妈妈又是一位非常细心、体贴的妈妈，只要儿子受一点伤，她就会紧张地安慰儿子：“宝贝，没事吧，快让妈妈看看！”

而李震家的情况就正好相反了，即使工作很忙，每到周末，李震的爸爸都会带着李震去进行一项男性的活动，如修自行车、健身、爬山等。

在这一过程中，偶尔李震也会受伤，但爸爸从来都是这样告诉他："没关系，儿子，涂点药一会就好了！"

正是从这两种不同的家庭教育以及这两个男孩不同的表现对比中，我总结出了这样一条经验：男孩坚强与否，与爸爸的教育有很大的关系。

很多教育学家都认同这样一个观点："如果让一个男孩与一个合适的男人在一起，这个男孩很快就会具备男性的那些优秀品质，如坚强、勇敢等。"我非常认同这一观点，而且我觉得这个"合适的男人"就应该是男孩们的爸爸。

不管是对自己性别的认同，还是男性品质的养成，男孩都需要爸爸给他们做出榜样。然而，在现实生活中，很多男孩的爸爸却因为工作而忽视了对儿子的教育，有时，他们甚至还这样想："孩子有妈妈教育已经足够了。"

也许大多数的父亲还没有意识到，爸爸的教育与妈妈的教育是完全不同的。记得一位教育学家提出了这样一种观点：妈妈的教育是给孩子喂红糖水，而爸爸的教育是给孩子补钙。

是的，事实就是这样的，妈妈那种细腻的情感可以促使男孩变得细心和温柔，但缺少了爸爸的教育，男孩就会因为缺少男性品质这种"钙"而得"软骨病"。就像上述案例中那个遇到困难就哭泣和退缩的小男孩，如此的没有抗挫力、如此的不够坚强，他的未来该怎么办呢？

所以，那些还没有意识到爸爸教育重要性的家长们，你们该醒醒了，不管你的事业有多忙，从你做父亲那一刻起，父亲就是你一生中最重要的"事业"。

男子汉要正直

2003年，非典在全球肆虐。非典重症患者正在与死神做艰难的抗争。有一天，患者梁先生从昏迷中醒来，恍恍惚惚看到一个瘦长的身影在眼前晃动，他要么俯身专注地观测患者呼吸机上的参数，要么神情严肃地与其他医生讨论着什么，汗水浸透了他厚厚的隔离服。这个瘦长的身影，成了梁先生那段阴暗日子里的一缕阳光，他坚毅的面容和专注的眼神，传递着一种信心和力量。梁先生最终逃离了死亡，后来他才知道，这个人就是大名鼎鼎的钟南山院士。

作为广东省非典医疗救护专家指导小组组长，钟南山日夜为寻找病源和治疗方法奔波。在北京有关权威部门发布消息，宣布引起广东非典型肺炎的元凶是“衣原体”后，钟南山不畏权威，坚持认为不能盲从这一结论。后来的实践证明，他的据理力争是有科学根据的——由钟南山牵头的广州和香港专家的合作取得突破，初步认定冠状病毒才是本次非典的重要病源。接着，世卫组织也把这一结果正式公诸于众。

面对人们的恐慌，钟南山亮相于媒体，讲解疫病，安定人心，郑重宣称非典型肺炎“可防、可控、可治”，然而，当一些人宣称“疫情已得到有效控制”时，他又一次以科学的态度提出“遏制论”；甚至，当他自己也染上疾病时，他以家为病房，悄悄自我治疗……

“也许，我一辈子再努力也达不到钟南山的境界，但他是我梦寐以求要成为的那种人。他是一个敢于忘我的、不辱使命的、可亲可叹的长者，也是一个完美的酷哥。”央视名嘴王志在采访钟南山之后，感慨地说。

没有人能够质疑，这是存在于我们时代的关于男子汉气概的英雄故事。成就英雄的因素有很多，也许是成就欲，也许是表现欲……然而我们在钟南山身上看到的，是不畏权威、笃信科学与真理的情操，这是正直的品质在他灵魂深处的呐喊。我们有理由将这种品质作为男人气概的最佳诠释。

正直是男孩首先要“种植”的那株“庄稼”。没有什么比它更富有魅力。

男子汉敢担当

一个11岁的美国男孩踢足球时，不小心打碎了邻居家的玻璃。邻居向他索赔13美元。那是在1920年，当时13美元可是笔不小的数目，足可以买125只生蛋的母鸡。男孩没有办法，只好去向父亲承认错误，请求父亲的帮助。然而，父亲却说斩钉截铁地说，男孩必须对自己的过失负责。

“我哪有那么多钱赔人家？”男孩非常为难。

“我可以借给你。”父亲拿出13美元，“但一年之后你必须还我。”

于是，男孩开始了艰苦的打工生活。经过半年的努力，终于挣够了13美元这一“天文数字”，还给了父亲。

这个男孩就是日后的美国总统里根。他在回忆这件事时说：“通过自己的努力来承担过失，使我懂得了什么是责任。”

在字典中，“担当”作为动词出现，意思是：接受并负起责任。我们没有使用名词“责任”，意在强调行动的重要性。责任不需要整天挂在嘴边，这是一种意识，我们希望男孩明白，在遇到事情的时候必须承担后果。

男孩从小学会“担当”，长大了自然就会有责任心。在这一点上，我们应该向里根的父亲学习，通过一些平凡的小事培养孩子的“担当”品质，让孩子意识到“担当”的重要性。都都的妈妈是这样做的：

有一次，都都发小脾气，把图画书扔在地上。妈妈就故意自己不捡，也不要别人捡。——如果都都当时不肯捡也没关系，就让书放在地上好了。

很快都都就平静下来，把刚才的事忘得一干二净，缠着妈妈讲故事，妈妈说：“你不是把书扔了吗？妈妈不能给你讲了。”都都这时才开始着急，赶紧自己把书捡起来。以后的日子，他知道了扔书的结果是听不成故事，还得自己再捡，就不再随便扔了。

“担当”应该作为一种品质植根男孩的心灵。人们喜欢说“勇于承担（担当）”，其实，“担当”如果与勇气挂钩，就被忽略了其作为品质的根本。因为在一些特殊的关头，只有品质才会跨越思考的界限，自然而然地发挥作用。

大连市巴士司机黄志全，在行车途中突发心脏病，在生命的最后一分钟里，他做了三件事：把车缓缓地停在路边，并用生命的最后力气拉下了手动刹车闸；把车门打开，让乘客安全地下了车；将发动机熄火，确保了车和乘客的安全。他做完了这三件事，趴在方向盘上停止了呼吸。

黄志全只是一名平凡的司机，他在生命的最后一分钟里所做的一切也许并不惊天动地，然而许多人却牢牢地记住了他的名字。当一些人在为自己要不要承担责任而挣扎思考时，我们或许可以认为，他们还没有完全具备这种高尚的品质。因为“担当”是男子汉的内在属性，不需要犹豫。

男子汉要诚信

亮亮上高中了，学校采取的是半封闭式教育，要求学生统一住集体宿舍，每周末才能回家。

这可把亮亮愁坏了。原来，亮亮是个电脑游戏迷，玩电脑游戏是每天的必修课，学校不允许玩电脑游戏，怎么办呢？

亮亮开始频繁的请假，他的理由多着呢：我奶奶去世了；我爷爷要结婚；我大爷和我大妈举行“银婚”庆典；我姐姐要到国外去度蜜月……请假的次数多了，老师产生了怀疑，终于发现了亮亮的秘密。

老师严厉地批评了亮亮，并告诉亮亮以后请假必须交上有父母签字的假条。没想到，亮亮轻松愉快地就把有着父母签字的假条搞到手了。老师左看右看，看不出什么破绽，却又满心狐疑，便打电话给亮亮的家长。

没想到的，亮亮妈妈却说：“亮亮是真的有事，老师你就准假吧……”

有一天，亮亮没有请假就自己跑出学校，老师非常着急，一边派人去找，一边给他家里挂电话。

接电话的是亮亮的爸爸。还没等老师把情况说完，亮亮的爸爸就说：

“亮亮在家呢。”

“真的吗？”老师有点不相信。

“亮亮当然在家！”爸爸有些生气地说，“他有些不舒服，正在家里睡觉呢！”

正在这时，老师看到两个学生陪着亮亮走进办公室。一时间，老师气得脸色发白，不知道说什么好，干脆就把话筒给了亮亮。

亮亮接过话筒，蔫蔫地说：“老爸，刚才……我去了网吧，老师派两个同学把我找回来了……”

这是一个家长纵容并帮助孩子欺骗的故事，当诚信作为这个社会的时尚口号，我们大概不用再去重复它的意义，如何教育孩子，使之建立诚信的观念却是很有必要提到的。古人云：“从善如登，从恶如崩。”在这个故事中，如果情况没有得到改善的话，它的结局将超过人们的想象。

男孩非常在意公平，他们讨厌作弊者。当亮亮的行为被公诸于众，事情就会变得不好收拾。一个正常的男孩很在意自己在集体中的地位，他不能接受自己被集体排斥的局面，即使这种状况是因为自己的欺骗行为造成的。当然，有些男孩喜欢吹牛，这可能是因为他们的真实生活有点糟糕。但是当这种小把戏演化成欺骗，男孩还觉得理所当然时，危机就出现了。

父母的支持是这种危机滋生的土壤。有人开玩笑地说：“假如您想让孩子学习您身上的一条优点，对不起，他可能终其一生都难以学到；但假如您想让孩子学习您身上的一条缺点，恭喜您，您的理想定能百分之二百地实现！”这句话的严肃意义是，家长的思想是孩子潜在的道德支持，正是家长的这种错误观念，致使孩子的道德滑坡没有回旋的余地，不得不走上异化的道路，最终演化为一种危机。

男子汉要坚强

香港特别行政区第一任行政长官董建华是世界船王董浩云的长子。董浩云是香港屈指可数的大富豪之一，但他对孩子的要求却十分严格，从不娇生惯养。

董建华理解父亲的苦心，他读书的时候，过着十分简朴的生活，每天乘公交车往返于校园和住所之间，潜心于学业，从来不因为自己是船王的儿子就与众不同。

董建华毕业以后，舆论普遍认为董浩云会安排儿子到国外深造，或者在家族企业中执掌大权，没想到他却安排儿子进入美国通用汽车公司当一名普通职员。他对儿子说："小华，我不怀疑你是个有理想的人，但我担心你的刻苦精神不够，你不要想到自己有倚靠，你必须自己主动去找苦吃，磨炼自己的意志，接受生活对你的种种挑战，并战胜它。"

董建华听从了父亲的安排，他在美国勤勤恳恳地干了四年，不仅学到了先进的管理经验，还学会了为人处事之道，培养了吃苦耐劳的精神，为今后的事业打下坚实的基础。

如此富门寒教，令人称道。国际舆论曾评论说："董建华是其父董浩云刻意雕琢的一颗明珠。"董浩云的刻意，不是倚仗自己的实力给孩子提供最丰厚的物质生活，而是对儿子进行"磨难教育"，他希望儿子通过吃苦感受到生活的不易和父母创业的艰难，进而激发出吃苦耐劳的坚韧意志。

与之形成鲜明对比的是，时下很多并不富裕的家庭，往往家长节衣缩食，却要孩子“什么都是最好的”。这对孩子的成长是极为有害的。一切以孩子为中心，不顾一切地保护孩子，唯恐孩子吃一点苦，这实际是在剥夺孩子吃苦的权利，更可怕的是，孩子形成坚韧意志的机会也被残忍地剥夺了。父母能陪孩子走多远？这些孩子终究要走出“蜜罐”，走上社会，独自步入人生的考场，去应对那些永远无法料及的莫测风云。

坚韧是男孩不可或缺的品质，是男孩成长的助力剂。缺乏这种品质，男孩进取、冒险、豁达……都将成为过眼云烟。日本有句名言：“除了阳光和空气是大自然的赐予，其他一切都要通过劳动来获得。”明智的家长已经认识到，在孩子性格形成的初期，适当设置一些障碍是必要的，让孩子少花些钱，多动动手，实际上就是在为他们今后的生活构筑坚韧的堡垒。

男子汉是怎样炼成的?

一位父亲很为他的儿子苦恼。儿子都已经十六七岁了，却一点男子汉的气概都没有。无奈之下，父亲去拜访一位拳师，请他帮助训练儿子，把儿子培养成一个真正的男子汉。

“把孩子留在我这里吧，”拳师说，“半年以后来接他，我保证他成为一个真正的男子汉。”

父亲放心地走了。半年以后，他如约来找拳师，拳师便安排了一场拳击比赛来展示自己的训练成果。

与男孩对打的是一名专业的拳击运动员。运动员一出手，男孩便应声倒地。但是男孩很快就从地上爬起来，再次接受挑战。然而运动员的力量太强大了，男孩又被击倒在地……如此反复了很多次之后，拳师问父亲：

“你觉得你的儿子算不算男子汉？”

“我简直无地自容。”父亲失望地回答，“没想到半年过去了，他还是这么不经打。”

拳师却意味深长地说：“我很遗憾，你只看到了表面的胜负，却没有看到双方实际力量的悬殊。你的儿子不畏强势，一次次倒下去又爬起来，这才是真正的男子汉气概啊！”

英雄并不只在童话中出现。世界上永远存在相对的强势和弱势。跌倒了再爬起来，这就是令人尊敬的男子汉品质。很难给男子汉品质下一个定义。我们所描绘的只是一些观点（在前文“父亲应该传授给儿子的气质和品格”部分我们已经涉及）。对此，詹姆士·杜布森博士的总结非常精彩：“作为父母，我们的目标就是把儿子们从不成熟的、反复无常的少年转变成诚实而有爱心的男人，他们尊重父母、尊重婚姻、信守承诺，是果断有力的领袖、优秀的劳动者。”

我们希望眼前的“奥特曼”男孩将来成为真正的男子汉。这个男子汉不一定拯救世界、捍卫和平，能从起火的房子里救出小孩，或者把抢钱的强盗赶跑。但是他尽量能每周回家看望父母，对工作克尽职守，与妻子相亲相爱，是孩子佩服的好爸爸。他承担自己的责任，也快乐地享受生活。下面是我们愿意着重强调的品质：仗义执侠，保护弱小。

放学了，罗伯特和好朋友杰克一起回家。刚走出校门不久，就看到一帮孩子在打架。“我们也去看看吧。”杰克建议。

“不。”罗伯特摇头说，“打架是不好的行为，我们还是回家吧。”

“你真是胆小鬼。”杰克嘲笑罗伯特。旁边的孩子也跟着起哄，可是罗伯特并没有当回事。

过了几天，孩子们去小河边玩耍，一个不小心，杰克掉进了水里。

“救命！”杰克不会游泳，他慌了神，拼命地在水里挣扎。

孩子们吓坏了，大家有的跟着喊“救命”，有的躲得远远的，没有一点主意，就是会游泳的孩子也不敢下水帮助杰克。眼看杰克一点点下沉，形势万分危急。

就在这时，罗伯特从这路过，他看到这一幕，毫不迟疑地脱下衣服跳进河里，在关键时刻把杰克拉上了岸。

孩子们再也不嘲笑罗伯特是“胆小鬼”了。罗伯特成了孩子们心中的小英雄。

尊重男性与女性的差异，我们已经进行了充分的阐述。对于成人来说，我们都有自己的关于两性的观点——可能同主流文化保持一致，也可能与众不同。问题的关键是，我们希望孩子们建立怎样的想法。

特别对于父亲来说，如果你提起女性总是带有贬低的口吻，如果你喜欢仅仅把女性当作一个目标来讨论，那么你的儿子也很可能会照着你的路走，甚至把这种思想“发扬光大”。

然而，真正有智慧的成年人都知道，这种思想将影响到男孩与异性的交往，更严重的是，它不可能为男孩带来美满的婚姻。

有一个圣彼得堡的男孩，他个子很小，发育迟缓，经常受到高个子同学的欺负。为了赢得别人的尊重，男孩开始练习拳击，可还是经常被人打得鼻青脸肿。就在他的自信心越来越弱的时候，父亲建议他去学日本柔道，这一招很快收到了成效，过去迷信于一味用拳头说话却又屡屡碰壁的他，也因此开窍了——原来“讲道理”一样可以赢得他人的敬佩。柔道改变了男孩的性格，让他重塑了英雄梦，也教会了他永不服输和尊重对手与伙伴的精神。后来，这个叫普京的男孩成为了俄罗斯总统。

强健身体、增强体能不仅保证了男孩的大脑获得更多的氧气和养料，还能使他们保持充沛的精力、高度集中的注意力和敏锐的直觉。对于迫切想成为男子汉的男孩来说，运动过程也是他们克服生理和心理困难的过程，他们将从中培养健康的情感、增强信心、强化意志，获得健康情感体验。

世界上没有不尿床的孩子，英雄也不例外。男孩只有不断从各种途径吸取精神食粮，使自己的精神世界更丰富、深刻，才可以使自身变得更强大，更有力量，并且能够完全掌控自己，而不受他人摆布。

如果不够身强力壮，男孩怎么能成为英雄“奥特曼”呢？

第8章

让孩子在学习中快乐成长

学习不应成为令孩子苦不堪言的煎熬过程，而应成为孩子接受新知识的享受过程。不少为人父母者，由于受到自身已有的不如意的求知经历的影响，存在着对学习的不正确看法。不得不说，之所以出现如此的局面，通常情况下是因为他们在学习中注入了过多的功利因素。让孩子健康地成长是每个为人父母者都梦寐以求的，但孩子健康的成长离不开学习，当然，这里所说的学习是指把它作为启迪心智的过程而言的。

小荷才露尖尖角，早有潜能暗中藏

人类经过千百年的进化，大脑已经发育得非常完善。可以说，发达的大脑是我们与生俱来的财富，这就使得每个孩子身上都蕴藏着不可估量的潜能。

小荷才露尖尖角，早有潜能暗中藏，不要小看婴儿的大脑。婴儿的大脑发育之快，潜能之大，足以让每个人大吃一惊。

新生儿不仅具有惊人的感知、运动能力，而且还具有记忆、学习的能力和社交行为。例如，出生 8 小时后，婴幼儿就会模仿成人吐舌头；出生 51 天后，注视靶心图可达 15 分钟之久；婴幼儿刚出生时就有颜色视觉，4 个月时已经接近成人水平，24 个月时能正确认识和说出 15 种颜色等。0 到 3 个月的婴幼儿共存在 73 种无条件反射，像爬行反射、行走反射、游泳反射等，这些都是人与生俱来的本能。

一、8 岁之前是智力发展的最快时期。

美国科学家布卢姆曾就儿童心理发展上的关键期问题，对近千人进行了跟踪观察。他通过分析实例，提出一个重要的假设：即 8 岁前是儿童智力发展的最佳时期。如果把 17 岁时所达到的普通智力水平看作 100%，那么从出生到 4 岁，就获得 50% 的智力；从 4 岁到 8 岁又能获得 30% 的智力；而余下的 20% 的智力则是在 8—17 岁这个时期获得的。

尽管人们对布卢姆的这个假设还有争议，但是对从出生到 8 岁这一时期是人的智力发展最快时期的看法都是一致的。他们认为婴幼儿期、童年期最容易接受外界刺激，最容易形成大脑神经联系。

我国儿童心理学工作者也认为：4 岁前，是儿童发展形象视觉和口语语音的最佳期；5 岁是掌握数概念的最佳期；5—6 岁是丰富口语词汇的最佳期；7 岁是儿童品德形成的最佳期。如果在这些关键期能对儿童进行及时的教育和培养就可以取得事半功倍的效果。

二、人生初期的两次重要转换

从教育心理学的另一角度分析，8 岁前这一阶段人生经历了两次大的环境转变和两次角色转换，它是儿童品德个性形成的重要过程。

按心理学理论把人生初期划分为 6 个阶段：0—1 岁为乳儿期，1—3 岁为婴儿期，3—6 岁为幼儿期，7—12 岁为童年期。

两次角色转换即经历了从婴儿到幼儿，从幼儿到儿童的转换。

两次环境转变，则是从自由的无拘无束的家庭中，转换到纪律约束的以集体生活为主的幼儿园；再从以游戏活动为主的幼儿园到以学习为主的正规学校班级。

现实生活中我们看到有好多小学生看上去活泼、顽皮、聪明，但就是学习成绩一直上不去，究其原因，就是没有适应上述两次环境转变和角色转换。已经是小学生了却仍是幼儿的心理，已经在学校正规班级了却还像在自己家一样贪玩任性。正如我国儿童教育家陈鹤琴所说：“从出生到 7 岁是人生重要时期，儿童的习惯、语言、才能、思想、态度、情绪等都要在此时期打好基础，如果基础不牢固，那健全的人格就不易造就了。”

事实的确如此，这一年龄阶段的孩子年龄小、经验少、玩性大、模仿性特别强，最易受周围环境影响，这时养成良好的行为习惯既容易又牢固。在这一阶段如果教育得法，引导得当，可以使儿童的自我意识和集体荣誉感得到增强，逐步养成诚实、认真、负责、助人为乐等优良的个性品德，从而为其今后一生的幸福打下坚实的基础。

人生的初期阶段存在着各种各样的可能性，这时候的孩子可塑性最强。了解孩子成长的每一个阶段，认识不同阶段的差异，我们就能理解孩子，并给予他们正确的引导。童年是发生奇迹的时候，未来的生活是童年的果实。幼儿潜能开发的时期稍纵即逝，年轻的父母应积极学习幼儿早期智力潜能开发的科学的、系统的、先进的理念与方法。

3 岁是学知识的黄金期

3 岁是孩子成长的一个分水岭，也是孩子学习知识的关键期。通常来说，在这个年龄段，孩子从无意识的状态过渡到有意识的状态，而且已经建立了他所在的生存群体和特定社会阶段所特有的心理结构和语言表达机制。

所以，这一时期是孩子学习知识的黄金时期。3—6 岁是孩子最易学会和掌握某种知识技能、行为动作的特定年龄段。在这一时期对孩子进行及时的教育，孩子学起来容易，学得也快，能够达到事半功倍的效果；但如果错过了这个最佳的教育时机，父母就要花费更多的精力和时间给孩子传输知识，否则就会造成不可逆转的后果。

印度“狼孩”卡玛拉被人发现时已有 7 岁多，她身上毫无正常儿童的特征，没有语言能力，不能直立行走，更不会与人交流。重返人间后经过长达 6 年的专业护理，也只学会走路，到 17 岁时才学会十几个单词，智商只有 4 岁孩子的水平。

人们从过去的大量不幸的个例中得到了证实：如果一个人错过了早期教育的环境，成了狼孩、虎孩、熊孩、狗孩（根据一些科学家的统计，迄今为止世界上共发现了 30 余个野生孩子，其中 5 个是熊“抚育”大的，两个是豹“养”大的，14 个是狼“带”大的），结果如何？狼孩像狼，猴孩像猴，熊孩像熊，豹孩像豹……被什么野兽“养”大的孩子就像什么野兽，这就是被发现的 30 几个兽孩的共同特点。尽管他们长得像人，也同样像普通人那样继承了人类亿万年进化的遗产——大脑和躯体，但其智力发展水平也就只能停留在“抚养”他长大的相应的动物水平上。什么原因？就是由于他们被剥夺了人的早期教育的环境。还有一些人，如果被人为地剥夺了至关重要的社会环境，而被单独囚禁、隔离起来，那么，这些人的发展结局是：白痴。

由此可见，3—6 岁这段时间，对孩子知识的积累是多么宝贵。在这一时期，他们自己就能够学习多个词汇，且学习的中等难度词汇比简单词汇多。这就意味着父母无需为各种声称能提高孩子词汇量的“新发明”而花费时间和金钱。抓住这一时期，多跟孩子说话、多读书给孩子听，才是提升孩子学习能力的关键。

比利时心理学家观察发现，一个 2 岁半的儿童通常具有二三百的词汇量，但到 6 岁时他已经能够使用数千个单词了，而且这些词汇都是在没人教导的情况下孩子们自然吸收的。一个牙牙学语的孩子，会在生活中熟悉语言，在模仿中学习语言。到 5—6 岁的时候，孩子们又开始学习新的单词，逐渐完善语句的表达。环境在这时候显得非常重要，如果当时外界人群的发音是方言，那孩子也会照着模仿；如果他们经常和一些语言丰富的孩子玩耍，时间一长，他们也会变得像这些孩子一样能说会道。

父母们有时会突然发现，自己蹒跚学步的孩子似乎一夜间词汇量有了迅猛增加。科学家研究表明，这很可能是一种“滚雪球”效应。

科学家认为，孩子学习语言不是慢慢地一字一句地学习，而是存在突然的“语言爆发”现象。例如在 3 岁之前他们对语言的把握很模糊，但 3 岁之后突然某一天就能够很容易地掌握各种很复杂的表达技巧了。

他们还发现了一个问题，即无论一种语言有多复杂，没有接受过教育的本民族人都会熟练运用，比如拉丁语，现在学习起来非常困难，但那时候连罗马帝国的奴隶也会讲拉丁语，而当时拉丁语的难度与现在几乎一样。

美国心理学教授鲍勃·麦克默里认为，孩子学习说话的过程大多是父母注意不到的，正是在这些不被察觉的学习过程中日积月累，产生了令父母惊异的必然结果。

6 岁儿童的语言表述已经非常准确了，他们了解并且能够简单地使用母语。可以说，到了这个年龄段，我们的孩子已经独立完成了学习语言的整个过程。如果他们没有这种自觉、自然地学习语言的能力，那么人类在历史上就不会取得如此众多的辉煌成就，可以说正是语言的不断发展，才推动了人类文明的进步。

激发孩子的求知欲

家教案例：

伟大的生物学家达尔文之所以能够提出被马克思盛誉为“十九世纪最伟大的三大发现”之一的进化论，得益于他对生物界进行了坚持不懈的观察。

达尔文从小就喜爱观察植物。他注意到花的颜色并不是单一的，而是五颜六色的，就试图使用不同颜色的水浇灌以使它开出自己想要的颜色。当然，他的这种尝试以失败而告终，但也使他明白了花的颜色不会因为用水的颜色不同而改变，也就是说，使他对观察到的现象的认识又深入了一步。

达尔文在游历世界各地和数十年日积月累的观察基础上，完成了划时代巨著《物种起源》。他在谈到自己所取得的成就时，谦虚地说：“我能够完成《物种起源》这部著作，不是因为我有杰出的理解能力，也不是因为我有敏锐的思维能力，而是因为我有对瞬息即逝的事物进行精细观察的能力。”激发孩子求知欲最直接的方式是引导孩子观察事物，培养孩子的观察力。

那么，什么是观察呢？

所谓观察，是一种有目的、有计划、比较持久的知觉活动。每个人都能对事物进行观察，所不同的是每个人对事物观察的细致入微的程度不同。这种对事物细致入微的观察的能力就是观察力。因此，父母要想提高孩子的智力，就应该考虑如何提升孩子的观察力。

提升孩子观察力的途径多种多样，但大体上是从以下几个方面考虑的：

一、使孩子明确观察目的

观察目的不明确，犹如走马观花一样，通常会导致一无所获；观察目的明确，观察时就容易做到细致入微，观察的效果就会较为明显。父母不仅仅要让孩子明确观察的目的，而且要使孩子树立观察意识，知道观察对于思考的重要性。

父母通常都会带着孩子到动物园游玩。不懂得如何培养孩子观察能力的父母，一般是带着孩子在动物园内到处闲逛，往往向人多的地方靠拢。而懂得如何培养孩子观察能力的父母，就会在来之前先告诉孩子观察什么，进入动物园后引导孩子寻找到被观察物体，让孩子由远及近。从前后左右各个角度观察物体，获得对该物体全方位的不同状态下的认识。这样，离开动物园后，前者的孩子就只可能是疯玩一天，后者的孩子不仅对自己的观察所见欣喜不已，而且更重要的是观察能力也在无形中得到了提升。

二、开启孩子的好奇心

因为孩子经历过的事物不多，他对绝大多数事物都会感到陌生。从某种程度上说，人类的进化史也就是人类的好奇心不断得到满足的历史。换句话说，人类从不缺少好奇心。孩子对陌生事物存在好奇心也是很自然的事情。明智的父母总会引导孩子开启好奇心。

一个孩子通过对阳台上的花和卧室里的花进行观察，发现两处花的叶子颜色不一样，就向父亲请教。这位父亲为了让孩子彻底明白原因，就找来碘酒做实验。父亲先将碘酒滴在从卧室里采摘下来的叶子上，叶子没改变颜色，然后将碘酒滴在从阳台上采摘下来的叶子上，叶子变成了蓝色。

父亲向孩子解释说：“碘酒遇淀粉变蓝色。从卧室里采摘的叶子没有变颜色，是因为叶子上没有淀粉。从阳台上采摘的叶子变成了蓝色，是因为叶子上有淀粉。那么，为什么从卧室里采摘的叶子上没有淀粉，而从阳台上采摘的叶子上有淀粉呢？这是由于植物的光合作用。从阳台上采摘的叶子，受到阳光的照射，能够进行光合作用。光合作用能够产生淀粉，但需要一定的条件才能进行。这个条件就是空气、水和光照。

空气、水和光照对于植物光合作用来说是不可或缺的。这也就是在从卧室里采摘的叶子上滴加碘酒后不变色的原因。”

这位父亲通过实验和解说，不仅使孩子得到了问题的答案，而且也使孩子眼界大开，知识大增。孩子的好奇心一旦得到满足，就会增强求知欲。

三、让孩子在观察中思考

知识的获取，需要在观察的基础上进行思考，否则便难以实现。丹麦天文学家第谷耗尽大半生观察行星，积累大量有关行星的数据，但他没有思考这些庞杂的数据，没能从中发现任何有价值的规律。而第谷的助手——德国天文学家开普勒则不然，他在第谷去世后，对第谷积累的庞杂数据进行了严谨细致的思考，终于发现了行星运行的轨迹是椭圆形这一规律。

父母不能让孩子为观察而观察，应该使观察为进一步思考打下基础。例如，父母让孩子观察一棵幼苗。孩子只看到了有一棵刚刚破土而出的幼苗，没有再深入思考幼苗为什么能够破土而出，破土而出需要什么条件，幼苗的继续成长需要什么营养，幼苗的健康成长需要什么样的环境之类的问题。这时，父母要以恰当的方式引导孩子思考，使孩子在观察的基础上思考获得更多的知识。

四、向孩子说明不同的观察方法

同种事物可以运用不同的观察方法进行观察，但是不同的观察方法观察的结果往往不尽相同，有时甚至会是截然相反。观察不同事物可能需要使用不同的观察方法，但也可能只需要使用相同的观察方法即可。由此可见，观察方法对于孩子来说是至关重要的。

父母应该告诉孩子不同的观察方法。通常使用的观察方法主要有以下几种：

1. 全面观察和重点观察

全面观察是从各个角度、各个方面、各个层次对事物进行观察，以获得对事物尽可能全面的认识。重点观察是根据特定的目的和要求，对事物的某个或某些方面进行专门的观察，以获得对事物某个或某些方面比较深入的认识。

2. 直接观察和间接观察

直接观察是本人亲自接触事物，对其进行观察，可以得到比较令自己信服的信息。间接观察是在他人直接观察的基础下进行的活动，可以快速获得大量信息，但有些信息不太可靠，需要进一步证实。

3. 自然观察和实验

自然观察是在自然条件下进行的观察，但由于自然条件往往千变万化，自然观察的可重复性不太强。实验观察是在人工控制条件下进行的观察，适合于观察变化因素少的事物，通常可以重复进行。

4. 长期观察和短期观察

长期观察是在较长的时期（如数周、数月甚至数年等）内对事物进行的持久观察，主要用于观察存在时间或变化历时比较长的事物。短期观察是在较短的时间（如数秒、数分钟或者数小时等）内对事物进行的短暂观察，主要用于观察存在时间或变化历时比较短的事物。

每种观察方法在观察事物时都有自己的优势,但同时也存在着劣势。只有综合运用各种方法，才能获得对事物全面的科学的认识；也只有运用合适的观察方法观察事物，才能获得想要的观察结果。

教育专家对父母的忠告是：孩子的求知欲是无限的。父母应该做的是激发孩子的求知欲，使其不断得到激发，而不至于使其被埋没，更要避免使其受限制。

不要厌烦孩子的“为什么”

一位工作一天精疲力竭的父亲回到家，刚坐在沙发上准备小憩一下再吃晚饭。这时，几岁的儿子看到父亲回来了，赶忙兴高采烈地向父亲跑去，手里还拿着一本小人书。

“爸爸，鸟儿为什么在天上飞呀？”儿子没容父亲有太多喘气的时间。就问起父亲来。

“鸟儿本来就在天上飞，没有什么为什么。”父亲一脸疲惫地回答。

“鸟儿最高能飞多高？”儿子对父亲的答案显然不是太满意，但还是接着问了下面一个问题。

“我不知道。你去问鸟儿它能飞多高吧。”父亲有点不耐烦地说。

“鸟儿为什么有羽毛？鸟儿为什么有尾巴？……”儿子没有看出父亲的不耐烦。又问了一连串的问题。

“你哪来的那么多为什么啊！要是真想知道，就在学校问你们老师。”父亲被儿子烦得实在受不了，就对儿子发起火来。

儿子被父亲发火的样子吓坏了，满眼含泪地跑到母亲身边后才敢哭出声来。

自从父亲向儿子发火后，儿子几乎不再向父亲问这儿问那儿，而且儿子和父亲交流的次数也变得越来越少。

我们知道，婴儿都喜欢将拿到手的东西往嘴里放，也喜欢用手去感受物体，这是他们不会说话时的表现。当婴儿慢慢长大了，会说话的时候，他们就会常常问东问西，对不认识的事物总喜欢问是什么，对不理解的事情也总喜欢问为什么。

这些正是婴儿对这个变幻莫测的世界充满好奇的表现，也是他们不断学习知识的动力所在。然而，很多父母认为婴儿的问题是非常幼稚的，常常懒得理会。这样的父母常常以“哪来那么多为什么”“不知道”“烦不烦啊，自己去查资料”之类的回答来搪塞孩子。

然而，父母有没有时常站在婴儿的角度来看待和思考婴儿提出的问题呢？恐怕不少父母没有做到这一点。父母倘若能够放下所谓大人的架子，以婴儿那个年龄段的知识储备和生活经验为基础来看待婴儿提出的问题，那么就会惊奇地发现婴儿提出的很多问题都是值得表扬的。

更不幸的是，挫伤了婴儿求知欲的父母，往往并没有意识到自己的不经意之举对婴儿已经造成了伤害。他们如果不改变自己对待婴儿的态度，就会逐渐地将婴儿对事物的好奇感消磨得荡然无存。没有什么比这对婴儿的成长造成的伤害更大了。

善于提问题的孩子往往具有丰富的想象力和较强的创造力。在提出问题、分析问题和解决问题的过程中，孩子能够促进自己的求知欲。明智的父母总会认真对待孩子提出的每一个问题，与孩子一起分析问题，共同解决问题，让孩子获得亲自解决问题的愉悦感。

那么，父母应该怎样才能更好地对待孩子提出的问题呢？父母应该主要做到以下几点：

1. 鼓励提出问题

父母鼓励孩子提出问题，不仅要让孩子多提出问题，还要注意回答孩子问题时的态度。如果父母因为孩子的问题过于浅显、过于幼稚，而表现出轻视甚至蔑视的态度，那么，即使父母再怎么鼓励孩子多提问题，也不会有什么较好的效果。孩子可能会误以为父母让自己多提问题，只不过是希望自己给父母多增添一点笑料罢了。

2. 耐心解答孩子的问题

父母不能以自己的知识储备和生活经验为基准来评判孩子的理解能力。哪怕一个看似十分简单的问题，由于孩子可能没有经历过，或者简单问题的背后隐含着很多信息，而这些信息孩子是不知道的，孩子就会对简单问题做出的简单解答感到困惑不解。这时，父母要有足够的耐心逐步地解答孩子的问题。

3. 运用孩子的思维思考问题

父母的思维逻辑严密、条理清晰，孩子的思维简单直接、跳跃性强。例如，孩子问父母鸟儿为什么会有羽毛。父母可以这样回答：人穿的衣服可以起到保暖的作用，鸟儿的羽毛也可以起到保暖的作用；人穿上衣服可以变得更漂亮，鸟儿有了羽毛也可以使鸟儿变得更漂亮。

4. 坦诚面对无法解答的问题

当遇到无法回答孩子提出的问题时，父母绝不可以随便编造一个虚假的答案应付了事，而应该坦诚地对孩子说“爸爸也不清楚这是怎么回事，我们一起查找资料获得答案吧？”之类的话。或许部分父母会认为对孩子坦诚不知道问题的答案，会降低父母在孩子心目中的威望。其实，这种顾虑是多余的。父母向孩子坦诚自己的无知，不向孩子提供错误的答案，不仅不会误导孩子，反而会使孩子知道父母不会弄虚作假，还会使孩子意识到学海无涯。

由于在生活中往往是问题出现后才想办法解决，大多数人都认为问题的解决比问题的提出重要，甚至认为问题的提出是可有可无的。这是一个很大的误解。其实，提出问题远比解决问题要重要得多，因为解决问题固然需要拥有一定的智力才能做到，但是提出问题却不仅仅如此，还需要拥有创造性的想象力。

愿望使孩子乐于学习

家教案例

蒸汽机的发明者詹姆斯·瓦特，曾被不称职的老师讥讽为“笨孩子”。瓦特喜欢摆弄玩具，时常将新买的玩具拆开，然后再自己一步步将它们组装起来。瓦特的父母对瓦特的爱好从不加以阻止，而是鼓励他这样做。在父母给予的宽松教育环境下，瓦特不断提高了动手能力，对机械的了解逐步深入，最终发明了人类历史上最重要的科技成就之一——蒸汽机。

孩子在成长过程中时常会产生各种各样的愿望。这些愿望在孩子心中都是美好的，他们也常常希望这些愿望能够得到父母的认可。在孩子的心目中，父母是世界上最有能力的人，能够解决很多很多孩子所不能解决的问题。当然，父母不是万能的，也有很多不能解决的问题，也不能帮助孩子实现所有的愿望。父母应该做好自己力所能及的事情，同时，一定要保持孩子的天性，肯定孩子的愿望。

在实现愿望的过程中，孩子会认识到自己的知识有限，从而萌发学习的冲动。孩子的愿望越强烈，求知的意愿也就越强烈，也更能够体会愿望实现过程中带来的快乐。

生病住院的孩子通常会产生长大后成为一名医生的愿望。有了这个愿望后，孩子就会有意识地观察医生的言行举止，不仅如此，他还会不分场合不论时间地模仿医生的行为。例如，拿支体温计当成针筒，见人就给对方“打针”；将一根绳子绑在一个有盖的瓶子上，一只手将瓶子倒举着，另一只手将绳子的另一头按在别人的手臂上，这就表示给人“吊盐水”，等等。

父母可能会觉得孩子这些行为纯粹是捣乱。其实，在孩子看来，他是在实现自己的“愿望”。这个时候，父母如果有时间的话，不妨主动“配合”一下孩子的行为，给予孩子正确的引导，使孩子不断获得成就感。

孩子产生好的愿望固然是可喜的，但更多时候愿望的实现不是简单的事情，需要长久的付出才有可能实现。父母要想帮助孩子保持实现愿望的热情，可以不时地鼓励孩子。在孩子遇到问题时，父母要主动上前帮助孩子解决问题，充分调动孩子实现愿望的积极性。

孩子对自己的看法常常来自于他人对自己的评价，尤其是父母对孩子的评价。孩子将自己的愿望告诉父母时，父母要认真倾听，并及时鼓励孩子，引导孩子实现自己的愿望。

没有孩子不渴望得到父母的表扬。父母表扬了孩子，孩子就会更加努力地做事情，希望父母加倍称赞自己所做的事。在这个过程中，孩子的能力也会得到不断提升。

孩子在成长过程中，愿望时常不断变化。但是，不管孩子的愿望如何变化，父母要做的是保持孩子学习的热情，使孩子能够抱定某些长远愿望而不断努力学习。

孩子的许多行为往往是幼稚的，有时甚至是怪诞不经的，但是孩子的愿望却往往显现出他的天性。父母在培养孩子时，不要太在意孩子犯下的过失，要多看到孩子想法中的闪光点。

父母要正确对待孩子的愿望，协助孩子实现愿望，更重要的是使孩子通过不断实现愿望而乐于学习。

玩中学，学中玩

有些孩子一刻都安静不下来，因而常被父母误认为患有“多动症”。对于这些好动的孩子，父母可以让他们尽情地玩耍。孩子在玩耍的时候，不仅可以激活大脑的知觉，促进脑细胞的信息传递，而且还可以清除脑细胞中不良的因素。孩子通过玩耍，不仅可以使智力得到开发，而且也能克服许多不良的习惯。

明智的父母不会逼迫孩子去学习，而是会想办法在游戏中达到使孩子学习的目的。如果父母一同孩子谈到学习，孩子就有反感情绪并以各种各样的理由推辞，那么孩子就不可能静下心来专心学习，当然学习起来也就没有什么效率可言了。

父母要不失时机地利用孩子玩耍的时间让孩子学到东西。如果孩子在玩耍中体会到学习原来也是件很有趣的事情，那么他（她）在没有父母看管的条件下也能自觉地学习。

一对父母总是埋怨孩子笨、反应慢、学习成绩不好，怀疑孩子心理不正常。没办法，这对父母带着孩子去看一位心理医生。心理医生和孩子交谈后，给这对父母开了一个偏方：“一张笑脸，两句鼓励，三份野餐，须在草地、河边、阳光照耀下全家一起食用。‘药’不限剂数，周六、周日常用。”原来，这位心理医生和孩子交谈了半天，发现孩子头脑清晰，反应灵敏，用词准确。根本没有什么不正常的地方。孩子向心理医生坦言：“我每天的生活很枯燥、乏味，早上吃完饭就上学，放学回家吃完饭写作业，然后睡觉。星期六还得去补习学校上课，有空还要练吹小号。

爸妈好不容易说带我出去玩一天，爸爸又说有事。我现在就想玩。”孩子还悄悄告诉心理医生：“其实。我特想看动画片，可是爸妈一回家就打开电视看股市行情，不让我看。”根据孩子的诉说，心理医生得出结论：孩子一切都很正常，不正常的反倒是孩子的父母，于是开出了以上偏方。

父母对孩子的学习都很重视，一遇到孩子贪玩，便不是斥责就是打骂。岂不知，玩是孩子的天性。孩子的爱好，通常是与玩结合在一起的。玩出兴趣就有提高的欲望，就有钻研的劲头，于是逐渐向更深的方向发展，从而创造出成果来。

莱特兄弟曾经回忆说：“我们最早对飞机产生兴趣是从少年时开始的。一天，父亲给我们带回一个玩具，用橡皮筋做动力，使它飞入空中。我们照着这个玩具仿制了几个，都能成功地飞起来。”正是这个能飞的玩具，引发了莱特兄弟制造飞机的想法。后来莱特兄弟几经周折，让世界上第一架真正的飞机飞上了蓝天。莱特兄弟在飞机上使用的螺旋桨，就如少年时玩具上的那种螺旋桨。玩使莱特兄弟受到了启发，发明了飞机。

父母不要扼杀孩子好玩的天性，因为玩使孩子拥有了一份好奇心，这是创造的驱动力。没有驱动力，一切发明创造都不可能成为现实。

父母从玩中发现孩子某一方面的兴趣，若能因势利导地培养、强化这种兴趣，就可以培养出孩子某种特殊的才能，使孩子在某些方面做出特殊的贡献。

数学物理学家麦克斯韦在数学方面的天赋，就是他的父亲发现和培养出来的。麦克斯韦的父亲偶然发现儿子画的画很特别，便引起了注意。儿子画了一个插菊花的花瓶，但是所有的菊花和其他图案都是由几何图形组成的。大小不一样的三角形的叶片，它们的形状搭配得非常巧妙。父亲非常惊异地发现了儿子对几何图形的控制能力，继而不断地启发引导，使他很快对数学入迷，终于成为一代杰出的数学物理学家。

玩是一种主动学习的态度。玩可以培养动手能力，可以启发兴趣爱好，培养主动性。有许多有特长的孩子，就是在课余时间玩自己爱玩的东西，从而有了小发明、小创造的。

孩子由于自制力比较差，玩起来往往会没完没了。父母可以让孩子在玩的时候尽兴地玩，但要把握好一个度，不能让孩子陷入疯玩之中。父母要让孩子做到在玩中学，学中玩，应该把握好以下几个方面：

一、爱好玩耍是孩子的天性

孩子自从来到这个世上的那天起，就是在玩耍中不断认识事物的。

父母看到孩子哭喊时，摇动铃铛逗他，他就会转哭为笑。为了能够获得更大自由的玩耍空间，孩子慢慢学会了走路和奔跑。当然，孩子在这当中免不了遭受跌倒之苦，但也正是这个过程让孩子初步有了失败是成功之母、成功来之不易之类的意识。

很多孩子进入校园之后通常都会安静很多。一部分原因是孩子不怎么会玩耍，更重要的是孩子害怕因玩耍而在同学面前出洋相，被同学嘲笑，渐渐地也就失去了玩耍的勇气。其实，孩子在玩耍中能够比在课堂中学到更多的东西，获得的不仅仅是书本上的理论知识那么简单，还有动手能力之类的实践知识。所以，父母应该鼓励孩子多玩耍，引导孩子善于玩耍。

二、不要给孩子施加过多的压力

父母把孩子作为自己生命的延续看待，希望孩子能够完成自己今生不能达成的心愿。父母的这种想法可以说是很自私的，因为他们将孩子当成了自己再次挑战命运的筹码。诚然，父母对孩子寄予厚望是无可厚非的，毕竟父母希望孩子能够生活得更好。然而，父母都无法达到的心愿却偏偏让孩子来完成，从某种程度上来说，对孩子是不公平的。

孩子的成才离不开学习，但是父母为了孩子成才而丝毫不顾孩子的感受逼迫他（她）学习，常常会事与愿违。由于时间大都用于学习，孩子没有了玩耍的时间，自然会认为是学习占用了玩耍的时间，从而会对学习产生反感情绪。所以，父母应该让孩子在学习中有玩耍，既可起到休息调节作用，也可避免孩子对学习产生厌烦心理。

三、给孩子创造快乐的成长环境

不少父母在教育孩子时通常都会采取严加管教的方式，虽然不至于像过去那样动不动就棍棒相加，但是也常常采用语言、肢体暴力，对孩子进行一定的干涉。结果，父母这种对待孩子的态度给孩子带来了一定的心理阴影。

现在的父母由于受到生活压力的影响，过早地就对孩子的人生大加规划。其实，人生中每个阶段都有每个阶段的任务，从某种程度来说，孩子在他那个人生阶段的任务就是在玩耍中学习。所以，父母应该给孩子创造快乐的成长环境，让孩子在玩耍中体验到学习的乐趣，不至于过早地厌倦学习。

第9章

鼓励孩子主动地求知

孩子自主学习能够取得更好的学习效果，因为孩子自主学习，不必受到父母的严格管束，完全是孩子自愿的活动，学习的动力更为充足，学习的耐心也会更为持久。父母与其每日费尽心思地监督和强迫孩子学，不如想办法让孩子自主学习。这样，父母管得轻松，孩子也学得自由。

成功离不开勤奋

家教案例

美国第11任总统詹姆斯·波尔克小的时候虽然比一般人上学晚，但是在学校期间，他进步很快，并取得了优秀的学习成绩。这优秀成绩的取得显然不是因为他的基础扎实，而是因为他比别人更为勤奋。他把所有的时间安排得紧紧的，但为了身体的健康，他也总腾出一定的时间进行长距离的散步。

1816年，波尔克进入了北卡罗来纳大学。由于成绩优秀，波尔克直接作为二年级的插班生进行学习。三年之后，波尔克以优异的成绩毕业。大学期间，波尔克担任过学校辩论会的主席，经常参加学会的辩论，还有8篇优秀的论文被选入学校的档案馆进行永久保存。毕业时，作为出色的学生，波尔克被选中在毕业典礼上用拉丁文进行告别演讲。

所有的这些成绩和荣誉的获得，都是由于波尔克的勤奋和对时间的珍惜。即使在入主白宫之后，波尔克也依然一如既往地勤奋。

诺贝尔物理学奖获得者丁肇中曾说：“成功的秘诀只有三个字，那就是勤、智和趣。”丁肇中所说的“勤”指的就是勤奋。在中学时，丁肇中就是一个以勤奋学习而出名的学生。在大学时，丁肇中更加勤奋好学。

人们常说，勤奋与成功是近邻。丁肇中选择了勤奋，也就与成功做了邻居，自然就更容易获得成功。

诺贝尔文学奖获得者柏格森也是一个十分勤奋的人。柏格森毕业后从事教学工作。在教学的同时，他大量阅读各种哲学著作，不断思索着，并进行哲学研究工作。在长期的研究工作中，柏格森非常勤奋。他曾经对朋友说："近十多年来，我从来没有真正休息过一天或者半天。"物理学大师爱因斯坦说："如果让我在天才与勤奋之间做出选择的话，我会毫不迟疑地选择勤奋，因为它才是一个人取得成功的先决条件。"季羡林先生曾经说过："勤奋出灵感。"缪斯女神总是会格外青睐勤奋的人，源源不断地送给他们灵感。

美国新罕布什尔州的查维斯夫妇，一个是技术讲解员，一个从事文秘工作。他们虽然只有高中文化程度，可是却培养了5个孩子先后考入了著名的哈佛大学。他们认为，培养孩子学习的兴趣、勤奋的精神，对孩子接受更好的教育是至关重要的。实际上，孩子掌握知识的丰富 与否，主要取决于他的勤奋程度。

孩子大都意志薄弱、做事的耐心不足。为了使孩子养成勤奋好学的习惯，父母要循循善诱地加以引导。在对孩子循循善诱时，父母要注意以下几个问题：

1. 注意培养孩子比较宽广的知识面。

2. 注意抓住时机。引导孩子勤奋学习要选择孩子有学习欲望的时候。

3. 注意把握好度。不要以成人的标准去要求孩子，不要超过孩子所能承受的范围。

4. 注意态度平和。引导孩子勤奋学习应该怀有一颗平常心，不要急于求成，否则可能会适得其反。

人们常说："有志者事竟成。"孩子拥有了远大的志向，就会自觉用远大的志向激励自己勤奋学习。

当李云经带着儿子李嘉诚来到汕头的海边，他一边指着港口往来如梭的油轮，一边给李嘉诚讲解生活的道理，但是，年幼的李嘉诚对父亲讲解的生活道理并没有在意，而对停靠在码头的油轮产生了深厚的兴趣。

李嘉诚觉得这么大的轮船居然能够稳稳当当地在海上航行，简直不可思议。于是，他指着巨轮对父亲说："爸爸，我将来也要做一名油轮的船长！"李云经高兴地对儿子说："好孩子，你的想法很好！但是，做一名船长可不是简单的事。你必须考虑很多问题，也需要思考得很全面。"李云经话犹未尽，把手放在李嘉诚的肩膀上，语重心长地说："现在天气很好，巨轮能够在海上安全地航行。但是，如果出海之后，一旦来了风暴，该怎么办？做船长的人，就得提前想到这种情况，提早做好一切准备工作。要不然，风暴来临了，他就会后悔莫及。其实，做任何事情前都要像做船长一样，全面考虑问题，随时准备应付一切可能出现的问题。"李嘉诚从小就树立了做船长的理想，也朝着这个目标而不断努力。虽然他最终没有当巨轮的船长，但是他一直以指挥巨轮航行的船长心态经营他的事业和人生。他喜欢把自己的人生比做一条船，也喜欢把自己的李氏王国比做一条船。他曾经自豪地说："我就是船长，我就是这艘航行在波峰浪谷中的巨轮的船长。"

父母要及时发现孩子的志向，帮助孩子明确自己的志向，并帮助孩子朝着志向而不断努力。为了实现自己的志向，孩子也就会主动学习，勤奋读书。

预习提高学习效率

家教案例

艾丽丝就要从幼儿园升入小学了。妈妈为了培养艾丽丝预习的习惯，就对她说：“艾丽丝，妈妈陪你做一个好玩的游戏，好不好？”艾丽丝很兴奋地说：“好呀！好呀！妈妈，这个游戏怎么玩？”妈妈拿出一本书说：“我们的艾丽丝比较喜欢看故事。妈妈手中的书就有很多故事。做这个游戏前，需要我们的艾丽丝看这本书中的故事。这本书是上小学的哥哥姐姐们用的。我们的艾丽丝有兴趣阅读这本书吗？”艾丽丝来了兴致，从妈妈手中取到了书，问：“接下来怎么做呢？”妈妈看艾丽丝有了兴趣，就说：“我们的艾丽丝每天看这本书中的一个故事，看完后，把看的故事讲给妈妈听。此外，我们的艾丽丝还要说出从故事中学到了什么。”就这样，艾丽丝按照妈妈定的游戏规则看书中的故事，然后讲给妈妈听，并且还说出了自己的体会。渐渐地，艾丽丝养成了预习的好习惯。

一位同学上课从不带教材，只听老师讲课，可是考试成绩却比那些一丝不苟做笔记的同学还要好。老师和同学们对此都疑惑不解。直到去这位同学家中做家访时，老师才明白其中的原因。

这位同学从小就阅读姐姐的教材。慢慢地，他不仅自学了许多知识，而且养成了预习的习惯。在课堂上，其他同学既要阅读教材，又要听老师讲课，还得将老师讲课的内容记录下来，不仅手忙脚乱，听课效果也不好。而这位同学则一边听老师讲课，一边印证自己预习过的内容，当堂就能够完全消化老师所教的内容。回到家后，这位同学又温习一下教材，就完全掌握了所学的内容。所以，这位同学虽然不带教材，仍然能够取得优异的成绩。

预习是一种非常好的学习方法。如果孩子能够在课前做好预习工作，就能对将要学习的内容做到心中有数，从而提高学习效率。预习虽然是按照书本上的内容进行，但是通过自学掌握关键内容、思考难点，尝试解决遇到的问题，这是对思维的一种有效的训练。有效的预习能够使孩子带着问题听课，对自己不懂的内容特别注意。孩子如果发现思考的和老师讲解的不一致，就会认真听老师讲解，直到弄懂为止。

如果孩子不善于预习的话，刚开始预习时，父母先让孩子选择一两门比较薄弱的科目进行预习。在获得一定的经验后，如果孩子的学习时间允许，父母再让孩子预习更多的科目。

怎样合理分配预习时间，让有限的时间发挥最大的作用是很重要的。父母应该让孩子把预习的重点放在自己比较薄弱的科目上。至于擅长的科目，孩子可以酌情减少预习时间。如果付出了大量的预习时间，自己比较擅长科目的成绩提高并不显著，就要相应缩短预习的时间，将节省下来的时间用于比较薄弱的、收效明显的科目，这样有利于孩子整体学习水平的提高。

预习的方法多种多样，最常运用的是阅读法与回顾法：

1. 阅读法。首先，从头到尾朗读或者默读一遍，对新内容进行简单的浏览，了解知识脉络和大体结构，扫清字词障碍，确定基本内容。然后，再读一遍，以圈、点、勾、画的方式做标记，使预习过的内容重点突出，一目了然，有利于听课时合理分配时间和精力；同时对课文的重点和难点进行思考，尽可能地加以理解，减轻听课时的压力。最后，将一时无法理解的地方记录在预习笔记本上，留到听课时认真听老师讲解。上课的时候，孩子将自己的理解与老师的讲解做一下比较，检验自己的理解是否正确。如果出现错误，孩子就及时找出错误的原因，就可以发现自己的不足。

2. 回顾法。先复习巩固已经学过的知识，以发现自己掌握知识的薄弱环节，然后在复习已经学过的知识的基础上预习新的知识。在遗忘规律的作用下，学过的知识很可能记不清楚或者忘记了。如果孩子不复习记不清楚或者忘记的知识，就会在学习新知识时遇到障碍。如果缺乏一定的知识基础，对课堂上老师讲的新课就很难迅速理解，进而影响对后面知识的掌握，所以，预习时要先回顾相关的旧知识。

具体采用哪种方法应该根据学科的特点和孩子的具体情况而定，孩子也可以吸取两者之长而自己发现一种独特的预习方法。总之，不管什么方法，只要孩子比较喜欢运用而且效果比较明显，那就是好方法。

一位小学生曾经这样说："在预习新内容的时候，我往往不能完全弄懂知识的内在关系。我的方法就是把不懂的问题提前勾画出来。在听老师讲课时，我就能做到心中有数了。当老师讲到我还没弄懂的问题时，我就会特别细心地听。我有重点地听老师讲课，听课时有张有驰，学习起来轻松自如。"预习时会遇到不易解决的问题。此时，孩子首先应该自己独立思考，想办法解决。即使无法解决，也不要过于焦虑，因为预习新知识难免会遇到不能弄明白的问题。孩子可以使用某些符号来对预习时遇到的问题做出标记。例如，"?"表示疑问，"——"表示不太清楚，"口"表示不懂的词语等。

预习是孩子对学习内容的初步了解。当然，其中既会有正确的见解，也会有错误的见解；既会有全面的认识，也会有片面的认识。但是，如果孩子能够在老师讲解的时候认真去听，发现自己的错误并及时纠正过来，就能够留下较深的印象，更好地掌握学习内容。

复习巩固掌握的知识

家教案例

李明在一所寄宿制学校读书。在同学们眼中，他是一个爱好玩耍、爱开玩笑、爱睡懒觉的人。每天晚上，当其他同学还在埋头苦学的时候，李明总是一个人回到宿舍里钻到蚊帐中睡觉。

令人不解的是，学期期末考试，李明每科考试成绩却都名列前茅。为什么李明没有像其他同学那样埋头苦读却仍然能取得好成绩呢？和李明关系比较好的一位同学向他请教学习的秘诀。

李明狡黠地笑道："你们真以为我是在床上睡懒觉啊？我那是在回忆课堂老师讲的内容，进行复习，而且这种效果很好。"原来，李明早就养成了睡觉前总结当天所学内容的习惯。例如，当天老师主要讲了些什么，哪些自己已经弄懂了，哪些自己还没有弄懂，等等。

李明把当天学过的内容进行归纳和总结，找出各个知识点之间的联系，并用一条主线把它们联系起来。他在想到某一点的时候，能够把所有学习的内容全部回想起来。除此之外，他还把当天学习的内容与以前学过的知识联系起来，找出内在的联系。就这样，李明轻轻松松地掌握了当天所学的知识。

复习可以使孩子对学过的知识得到巩固和强化，使孩子的知识更加条理化和系统化。孩子在复习时间达到对知识的深入理解和精确掌握，并能提高运用知识的技巧，进而使知识融会贯通，达到举一反三的效果，这样才能使知识真正据为己有。

1. 制订复习计划，养成良好的复习习惯

小羽的妈妈是一位教师，很清楚复习对孩子学习的重要性。从小羽刚上学起，小羽的妈妈就要让小羽每天坚持复习当天学习的内容。小羽的妈妈还根据遗忘曲线给小羽制订了相应的复习计划。小羽严格执行复习计划，在长期的学习过程中，不知不觉地形成了良好的复习习惯。

2. 把握好复习的时间和规律

复习的时间对于复习的效果而言是相当重要的。根据遗忘曲线“先快后慢”的规律，父母应该让孩子及时复习，使所学知识得到有效的巩固。每天放学后，让孩子复习当天所学的内容；每个周末，让孩子进行小结性复习；单元结束后，让孩子进行单元复习。

单元复习是比较重要的复习，可以达到对知识透彻理解、牢固掌握和灵活运用的目的。在进行单元复习时，孩子要重点领会各知识要点之间的联系，掌握重点和攻克难点，并使知识系统化。

固然，复习时间的间隔不能过于长久，但是反复的次数也不能过于频繁，否则会使孩子产生厌倦的情绪，影响复习的效果。复习的内容也应该合理安排，既要侧重重点和难点问题，也要兼顾其他问题。

同时，让孩子交叉复习文科和理科，可以起到调节的作用，提高复习的效果。

3. 根据自身特点选择适合自己的复习方法

复习方法多种多样，包括背诵、做各种各样的练习以及动手操作等。具体采取哪种方法应该根据孩子的不同偏好进行。孩子偏好视觉记忆，复习的时候就以默读为主；孩子偏好朗读记忆，复习的时候就以朗读为主。

4. 不同的科目采用的复习方法也不同

孩子要针对不同的学习内容采用不同的复习方法。例如，对于整体性、连贯性较强的内容，像英语的语法、语文的语法等规则，可以采用集中复习的方法，即把所学的内容放在一起复习；对于较分散、连贯性不强的内容，像语文的词语、英语的词汇记忆等，可以采用分散复习的方法。

5. 学会根据具体条件采用不同的复习方法

例如，如果可利用的复习时间较短，就可以运用分散复习的方法，复习一些连贯性不强的内容；如果可利用的复习时间较长，又没有干扰因素存在，就可以运用集中复习的方法，复习整体性、连贯性较强的内容。

6. 综合运用多种感官进行复习

复习的过程也是对信息进行重新编码的过程。单纯的阅读、背诵往往比较乏味，容易引起孩子的心理疲劳，降低复习的效果。孩子应该综合运用多种感官进行复习，采用看、听、记、背、说、写等多种形式复习整理知识。例如，一边看、一边读、一边用手比划等。有些父母购买一些教育软件让孩子使用，也是一种可供孩子选用的不错的复习方法。

通过教育软件进行复习，不但可以提高孩子复习的效果，而且可以让孩子从复习中获得乐趣，培养孩子的学习兴趣。

7. 要保证复习的效果就需要处于良好的心理状态

父母要协助孩子消除不良情绪，保持良好的状态进行复习。当孩子心烦意乱时，父母要调节孩子的身心状态，让孩子进行适当的休息或者活动，做到劳逸结合；当孩子遇到困难时，父母要及时鼓励孩子，帮助孩子解决困难。此外，在复习的时候，父母千万不要给孩子施加过大压力，以免孩子心理压力太大而影响复习。

8. 复习应该注重知识的条理性和系统性

孩子要掌握一些复习的技巧。首先，要加强前后知识之间的联系，将当天所学的知识纳入到已经学过的知识体系中。其次，运用一些形象化的提纲和图表增强复习内容的条理化和系统化。例如，孩子将数学公式整理出来，找出它们相互间的联系，有助于孩子全面和深入地掌握公式，从而灵活运用公式解题。再次，将回忆与复习相结合，即先尽量回忆已学内容，回忆出来的表明已经记住，回忆不出来的再去看书复习。例如，孩子背一篇课文。读几遍之后，就合上书，从第一句开始尽量回忆，实在回忆不出来时再翻书看。

9. 回忆与复习相结合

将回忆与复习相结合的方法对于总结性的复习特别有效。例如，在期末考试前，首先，孩子把一学期或一单元学习内容的大标题回忆出来，实在回忆不出来时再看书。然后，孩子看着书的目录回忆每个标题后的主要内容。这种将回忆与复习相结合的方法，不仅可以提高复习的效果，而且可以让孩子明确哪些内容是已经掌握的，哪些内容还需要强化复习。

10. 有效利用假期

在假期时，孩子的闲暇时间较多，孩子应该在完成作业外，适当复习以防止知识遗忘。当然，孩子在假期应该适当阅读课外书，加强和拓宽对知识的理解、巩固和运用。父母不要让孩子在假期过度放纵，否则不但浪费了孩子的学习时间，而且容易使孩子在开学的时候无法收心。

教育专家对父母的忠告正如《论语·为篇政》说："温故而知新，可以为师矣。"意思是说，（如果）温习旧知识，又能领悟到新知识，（那么）可以做老师了。因此，父母要督促和鼓励孩子复习已经学过的东西，让其通过复习取得进步。

提问加深对问题的理解

家教案例

有一个班级正在学习俄罗斯作家屠格涅夫的作品《麻雀》。

《麻雀》主要讲的是：一个猎人带着一条猎狗正在森林里行走。这时，一只刚出生不久的小麻雀不小心从窝里掉了下来。猎狗看到后，就匍匐着向小麻雀靠近，要吃小麻雀。在这危急关头，一只老麻雀“呼”地飞了下来，一边发出凄厉的叫声，一边用身体挡住了小麻雀。老麻雀异常威猛，与猎狗展开了周旋。猎狗被老麻雀给吓着了，居然倒退了好几步。猎人看到老麻雀如此拼命救护小麻雀，也产生了同情心，就把猎狗牵走了。

课文讲完后。老师向同学们提问：“同学们，这只老麻雀的行为表现了什么？”同学们都机械地回答道：“表现了伟大的母爱。”这个答案就是课文的标准答案。

就在这时。一位男同学举起了手，说：“老师，我不完全同意这个答案！”老师很奇怪地问：“为什么？”这位男同学说：“你们怎么知道这只老麻雀是母麻雀呢？我从头至尾阅读这篇课文，没有发现一处说明它是一只母麻雀。怎么能说这是表现了母爱而不是父爱呢？”老师觉得这位男同学说的有道理，就表扬说：“很好！你的看法很正确。我们应该把答案改为表现了伟大的亲子之爱，包括母爱与父爱。”这位男同学的可贵之处就在于敢于质疑标准答案，敢于提出与他人不一样的看法。

在人们问及爱因斯坦何以会取得如此大的成就时，他说：“如果说我还算取得了一点成绩的话，那么，并不是我有什么特殊的天赋，只不过是我喜欢追根究底地提出问题罢了。”爱因斯坦认为，提出问题比解决问题更加重要。针对这个问题，他说：“在科学研究中，并不像人们通常认为的解决问题远比发现问题重要，而是发现问题要远比解决问题重要。解决问题只是实验手段的问题，提出问题则需要改变思维方法，拥有创造能力。”人们常说：“学贵多疑。”没有产生疑问就不会进步，产生较小的疑问只能取得较小的进步，产生较大的疑问就会取得较大的进步。时常对事物产生疑问，并进行思考就能获得知识，增长学问。

提出问题要求对事物有质疑的心态。著名的数学家希尔伯特是一个想象力异常丰富且十分善于提出问题的人。在 1900 年第二届国际数学家大会上，他做了题为《数学的问题》的报告，提出了当时数学领域中的 23 个重大问题——希尔伯特问题。这些问题的提出，有力地促进了数学的发展。为此，希尔伯特总结道：“只要科学分支能够提出大量的问题，它就充满着生命力，而问题缺乏则预示着独立发展的衰亡或中止。”与中国科学技术大学少年班同学交流时，李政道先生曾说：“同学们在一些基础性的问题上有没有提出疑问？例如，对牛顿力学理论，你们有没有问过诸如为什么要学习它、为什么它不可能是不对的、它建立在什么基础上之类的问题。你现在如果还没有这样的质疑态度，将来是很难取得巨大的成绩的。”质疑是创新思维的源泉。孩子对于一切总是不经思考就接受，把自己的大脑作为装知识的篓子，学习到的知识也是死的知识。

1. 父母应该注意培养孩子质疑的习惯，对孩子的质疑应该持鼓励的态度。有些父母认为，孩子提出问题是故意刁难父母；也有些父母出于保护自己威望的目的，竟然拒绝孩子的提问，甚至不惜采取训斥或者恐吓的手段。这些都是非常不明智的。

父母若想培养孩子质疑的习惯，就是要顺应孩子对事物的好奇心，因为好奇心是孩子探究未知事物的心理动力。实际上，爱好提问是孩子的天性。而且，孩子由于思维的不成熟或者知识的欠缺，提出的问题在成人看来往往是很可笑的。此时，父母千万不要嘲笑孩子的幼稚。

高尔基曾经说过：“对孩子的问题，父母如果以孩子长大后自然会懂得为由拒绝回答，就会逐渐磨灭掉孩子的求知欲。”孩子能够提出问题，表明他对事物经过了认真的思考。北宋学者程颐说过，学者先要会疑，也就是说，学习首先要会提出问题。不管孩子提出的问题看起来是多么天真幼稚，多么不可思议，父母都要抱以鼓励的态度，保护孩子提出问题的精神。

诺贝尔奖获得者赫伯特·布朗说：“我的祖父总是让我自己提出问题，自己找出原因。在我的整个童年时代，父母都鼓励我提出疑问，从不强迫我去接受一件事物，而是力求理解它。”

2. 父母要经常向孩子提出一些孩子感兴趣的问题，引导孩子积极思考。孩子只有常常被提问，才会养成思考问题的习惯，也才会养成提出问题的习惯。

一位妈妈在飞机上与她的孩子一直在讨论一些有趣的问题。例如，飞机怎样起飞，飞机在飞的时候为什么“不会动”，飞机上的窗户为什么不能够打开，等等。对于孩子提出的每一个问题，母亲总是耐心地回答。母亲尽管并不能回答孩子提出的所有问题，却仍然与孩子热烈地讨论着，孩子的兴趣越来越浓厚。

3. 父母应该区别对待孩子的问题。对于孩子能够自己解决的问题，父母最好鼓励孩子自己去解决，可防止孩子养成依赖父母的习惯。

父母如果不知道问题的答案，要引导孩子进一步学习知识，让孩子自己去寻找答案。

4. 父母要善于向孩子提问。善于提问题的父母可以给孩子起到一种示范作用。孩子看到父母经常会提出一些问题，也会自然而然地多提问题。父母可以与孩子比赛提问，通过竞赛的形式，提高孩子提问的兴趣，养成提问的习惯。父母向孩子提出问题的内容，要考虑是否符合孩子的年龄特点和知识范围，不能提得难度过于偏大，否则会挫伤孩子积极性。

在日常生活中，当孩子说出与他人不一样的想法时，父母千万不要呵斥孩子，而要鼓励孩子。即使孩子提出的想法不完全正确，父母也要充分肯定他的求异思维，鼓励孩子提出与他人不一样的想法。

解决问题要善于思考，学会思考比单纯获得知识更为重要。培养思考能力，应当优先于获得专业知识。孩子的聪明与否与孩子是否善于思考直接相关。

英国剑桥大学的迪·博诺教授曾说："一个人智商很高，只能说明他有创造的潜力，并不说明他很会思考。智力与思考的关系，就好比拥有一辆汽车与拥有驾驶技术的关系。你可能拥有一辆性能很好的汽车但驾驶技术不佳，仍然不能把车开好。反之，你即使拥有的是一辆旧车，驾驶技术却很高超，仍然能把车开好。"孩子的思维发展趋势是逐步从动作思维，到形象思维，再到抽象思维的。年龄较小的孩子的思维方式主要是动作思维，是依靠感知和动作来完成的。他们在听、看、玩的过程中进行思考。

例如，婴幼儿常常边玩边想，但一旦动作停止，思维活动也就停止了。大约 3 岁时，孩子开始从动作思维向形象思维过渡。他可以依靠头脑中的形象和具体事物的联想展开思考，能够不依据具体行动，运用已经见过的、听过的知识来思考问题。大约 5 岁时，孩子的形象思维开始占主导地位，并初步出现抽象思维。孩子能够从理解事物个体发展到对事物关系的理解，能够从依靠具体形象理解过渡到依靠语言理解；能够对事物进行比较复杂、深刻的评价。五六岁的孩子在看电视时，可以说出谁是好人，谁是坏人，还会用各种理由来证明他的看法。

孩子学习有双重的目的：一是掌握基础知识，二是发展思维能力。

大多数父母和教师往往只注意前者而忽略了后者，造成孩子虽然看似知识渊博，却不知道如何思考问题。培养孩子拥有灵活敏捷的思维能力，对开发孩子的智力是不可或缺的。

孩子在遇到问题时，总喜欢向父母请教。如果父母对孩子的问题有问必答，虽然能够解决了孩子当时的问题，但也因此使孩子养成依赖父母的不良习惯。孩子遇到问题时不会独立思考，不会自己去寻找答案，对孩子的成长是没有益处的。

明智的父母在孩子提出问题时，会启发孩子运用自己学过的知识、已有的经验去获得答案。孩子在寻找答案的过程中，思维能力会得到提高。如果孩子实在无法独立解决问题，父母可以引导孩子请教他人、查阅资料或者反复思考，让孩子不仅获得了问题的答案，也提高了独立解决问题的能力。

如果孩子经常遇到各种问题，思维就会比较活跃。父母要想提高孩子的思考能力，就要多向孩子发问。

诺贝尔物理学奖获得者费曼的父亲就非常善于向费曼提问。为了引导费曼思考关于地球的问题，费曼的父亲让他设想自己遇见了火星人。

火星人会问费曼许多关于地球的问题，比如："为什么人要在夜晚睡觉？""为什么地球会有引力？"费曼的父亲甚至把自己扮演成火星人，与费曼一起来讨论这些问题。

当费曼长大一些时，费曼的父亲就带他去博物馆参观，激起他对博物馆里的事物产生好奇心，同时有针对性地提出问题。费曼的父亲还让费曼阅读《大不列颠百科全书》，并向他提问，对于他没有理解的内容，再用浅显的语言耐心地解释。

父母向孩子发问，不要只提出非对即错的封闭式问题。父母要依据孩子的实际能力，提出一些答案不是唯一的开放性问题。例如，茶杯有些什么用途？如果去郊游，你会选择哪里？如果家庭中充满民主和平等的气息，孩子就会敢于发表自己的意见，思维比较活跃，分析问题也比较透彻。而如果家庭中充满专制和独断的气息，孩子就不敢畅所欲言，容易受家长的暗示而改变主意，在各种看法之间摇摆不定，没有自己的主见。

绘画神童小峰和爸爸一起去看一个个人山水画展。事先，爸爸没有告诉小峰这是一个个人画展。小峰转了一圈后对爸爸说："这好像是一个人画的，每幅画都好。"爸爸有些奇怪地问小峰："是吗？你觉得好在哪里呢？"小峰说："布局合理，气魄宏大，用笔也优美。"很多孩子不敢发表自己的见解，小峰却敢于发表自己的见解，这与爸爸平时的鼓励是分不开的。

教育专家对父母的忠告：在学习和生活中，孩子经常会提出各种各样的问题。对于孩子的问题，父母要与孩子一起讨论、共同找到答案。在这个过程中，孩子需要进行分析或者归纳，需要想出解决的方法与过程，这是非常有益于让孩子养成思考问题的习惯的。

兴趣是最好的老师

家教案例

老威特教育卡尔·威特的独特方法是值得父母深思和借鉴的。

老威特没有像其他父母那样，对小威特进行填鸭式教育，而是先唤起小威特学习的兴趣，然后让他自己主动去接受新知识，从而达到教育小威特的目的。

在小威特三四岁时，老威特就每天带他散步一两个小时。老威特这样做，不只是为了让小威特锻炼身体，更是为了让小威特能够从野外获得更多知识。老威特一边同小威特散步，一边同他交谈。

看到花朵时，老威特不仅会向小威特介绍花的名称、颜色等浅层次的知识，而且还会向小威特说明花的来源、颜色变化的原因等深层次的知识。遇到昆虫时，老威特也不仅仅局限于告诉小威特昆虫的名字、外形等一般性的知识，而且还会向小威特解说昆虫大家族演变史以及昆虫的外形是为了适应环境才形成的等较为专业性的知识。

日复一日，年复一年，老威特选取自然界中生动的素材，拓宽了小威特的视野，增加了小威特的知识，培养了小威特的兴趣。

如果说小威特在生物方面的知识是得益于老威特每天带他散步时与他进行的交谈的话，那么，小威特在地理方面的知识则是来自于老威特有目的地让他进行的观察思考。

老威特还经常带小威特到附近的村庄去。在小威特对附近的村庄有了初步的了解之后，老威特便带他登上村里的一座高塔，让他俯视周围的地理环境。在此基础上，老威特让小威特试着画出周围的地图，并与书本上的地图进行比较，不断修正有误的地方。在有目的的观察思考下，小威特不断获得了有关地图的正确概念，也积累了丰富的地理常识。

老威特在小威特提出问题时，总能够及时地回答，并表示鼓励。当然，老威特也不是什么知识都懂。在老威特不能解答小威特提出的问题时，老威特总能坦诚地告诉小威特："爸爸也不懂这个问题，让我们一起去查资料找到答案吧！"随后，老威特就会带着小威特不辞辛苦地到图书馆查找资料，直至找到满意的答案为止。

宇宙有多大范围？宇宙有多大年龄？宇宙中都有些什么？诸如此类的问题几乎每个孩子都曾经提出过。老威特为了帮助小威特解决这些问题，请来了塞肯得罗夫做小威特的天文学老师。塞肯得罗夫早就得知了小威特的过人才华，也很乐意传授知识给小威特。塞肯得罗夫在自己家里，手把手地教小威特用望远镜观察太空，向小威特介绍星系的构成，还不失时机地讲述有关星座的传说。塞肯得罗夫不仅将他那渊博的知识传授给了小威特，也使小威特养成了以学为乐的态度。

通常情况下，孩子到了三四岁的年龄，对世界有了一个基本的认识后，会觉得不理解的地方越来越多，提出的问题层出不穷，常常令父母烦不胜烦。但是，父母切记，父母此时不可敷衍孩子的问题，应该不厌其烦地解答孩子的问题，并且时常鼓励孩子自己解决问题，引导孩子获得正确答案。

如果父母面对孩子提出的各种问题，很少给予理睬，甚至大加斥责，则会使孩子提出来的问题变得越来越少。渐渐地，孩子对见到的事物习以为常，不再觉得身边有什么新鲜的事物，即使见到新鲜的事物也不加理会。这种情况的出现，就是父母扼杀了孩子求知的兴趣所导致的。

父母要意识到呵护孩子兴趣的重要性，意识到随着年龄的增长，孩子越来越难以产生对事物的兴趣。如果在成长的过程中，孩子对事物产生的兴趣一再遭到蹂躏，那么孩子也会对事物越来越失去兴趣。现在普遍实行的早期教育，也正是要避免对孩子造成这方面的不利影响。对孩子实施早期教育，能够培养他们对事物产生兴趣，同时也尽可能地发掘孩子的潜能。

如何能够让孩子在既轻松又愉快的氛围中获得丰富的知识，是为人父母者值得思考的问题。但是，从何入手来解决这个问题，却又令很多父母颇感困惑。其实，要解决这个困惑并非难事，就是培养孩子学习的兴趣。

孩子学习好，爸爸作用大

男孩的学习好坏，与爸爸有着密切的关系。因为在对男孩的学习问题上，爸爸比妈妈更有发言权。爸爸对男孩的某些态度和行为，会直接影响男孩的学习成绩。

先举一个反面的例子：

天宇从小在爷爷奶奶家长大，是整个家庭的“小太阳”。有一次，天宇因成绩没考好特别沮丧，做房地产起家的爸爸这样安慰他：“考好考不好有什么关系，你爸没有文化，照样住大房子、开好车。没事，儿子，等你再上几年学就不去学校受罪了，跟爸一块混。”从此以后，天宇经常找理由不去上学，学习成绩自然是全班最差的一个。

男孩在学习方面本来就处于劣势，如果父亲再用以上等不合理方式教育孩子，那么孩子能够学习好简直可以称作奇迹。因此，爸爸要想男孩学习成绩好，自己必须先摆正对待学习的态度，在不宠、不骄孩子的基础上，为他创造良好的学习环境。

父母是孩子的第一任老师，是孩子的榜样，家长优秀，孩子自然也会优秀。下面的几种方法，也可以帮你把男孩慢慢引导到学习的“正规跑道”上来，并使他的学习成绩一路上升。

一、帮孩子找到正确的学习方法

小树放学一回到家就愁眉苦脸地对爸爸说：“爸爸，我要背书，没时间吃晚饭了，你和妈妈不用等我了。”说着便回到自己的房间。

爸爸听了孩子怪异的语言，也跟着孩子走进他的房间，问清楚了原因。

原来，今天晚上老师要求背会一篇很长的课文，小树觉得任务很重，便想把所有时间都利用起来，把课文背完。爸爸看着这个笨笨的小伙子，怜爱地摸着他的头说：“好儿子，你不用把所有的时间都用来背书，爸爸告诉你个好办法，绝对能够保证你在明天上课之前把这篇课文全部背会。”

“真的吗？”小树高兴地问爸爸，以为爸爸一定会什么法术。

“当然是真的了。你看，这篇文章看起来很长，其实就三个段落。现在离吃饭还有一个多小时，第一段这样短，你能用晚饭前这段时间背掉它吗？”

小树想了想，点点头。

“第二段虽然有点长，但是你完全可以用晚饭后到睡觉这段时间把它背过。至于第三段，你也完全可以利用早晨的一点时间把它背好。明天上课之前，你再把全篇课文复习一下，我相信，你绝对是背得最流利的一个。”

小树按着爸爸的方法做了，果真很轻松地把全篇文章背下来了。

男孩往往更喜欢富有挑战性和趣味性的事物，所以他们对枯燥的学习并不感兴趣。而且，有儿童心理学家指出，做事之前，男孩在做计划方面有一定的困难，尤其当他们面对沉重的学习任务时，他们更不知道如何入手。所以，在这个时候，最好的解决办法就是，家长帮他们把学习任务分解成小块，让他们一点点去完成。

二、公布男孩的学习计划

对于自控能力比较差的男孩，家长要帮助孩子做一个不是很长的学习计划，如周计划、月计划等。另外，家长要严格监督男孩学习计划的落实。在这一点上，一位爸爸做得特别出色。男孩的学习成绩很差，老师帮他做了学习计划，但他总是三天打鱼、两天晒网，学习计划形同废纸。但是，当男孩的爸爸插手管理孩子的学习后，男孩竟然很轻易地把学习计划坚持了下来。老师很惊奇地向男孩的爸爸请教："您是如何做到的？"

男孩的爸爸不好意思地说："我以前戒过烟，我只是用了心理学戒烟的一个方法。"

原来，在心理学上，常用一个奇怪的方法戒烟，即向家人或朋友公开宣布："我要戒烟了！"这样做，会起到一种强迫约束效果。当戒烟人忍不住又想吸烟时，马上就会想到：别人都知道我戒烟了，我再吸烟，别人准会笑话我太没出息或意志薄弱。因此，他们往往会坚持一点、再坚持一点，直到烟瘾消失。

男孩的爸爸对待孩子的学习计划也是这样做的，他先把儿子的学习计划在家庭会议上公布，然后又把这个计划告诉了男孩的所有老师和与男孩要好的一些同学。正如这位爸爸所料，男孩在"舆论"和"面子"的压力下，只好把学习计划坚持到底。

男孩往往更爱"面子"，他们很看重周围人对自己的看法。所以，不仅仅是学习计划，男孩的一切计划，如读书计划、改正坏习惯计划等，家长都可以把它们公诸于众。在众人的监督下，男孩的进取心、表现欲等都会很大程度地被激发出来了。

三、鼓励男孩，让他对学习充满信心

在美国，有一所奇怪的学校，它里面没有"问题"孩子，连那些爱捣乱的男孩也很听话。而且，这所学校的学生不管成绩好坏，从来没有出现过中途辍学的现象。

是什么让这所学校具有如此的魅力？

这所学校的校长表示，他们的秘密就是，在男孩陷入麻烦之前抓住他们的心。学校的每一位老师都擅长发现男孩的兴趣点，并利用这个兴趣点把他们留在校园里，直到毕业。有一次，15个男孩面临辍学。他们不喜欢学习，也不喜欢运动，但是，老师帮他们弄了个录音棚，他们很感兴趣，于是这便成了他们做一切事情的精神动力。

除此之外，老师们几乎对学生做了所有尝试：跳舞、下棋、打篮球、水养栽培、机器人制作……他们做这一切的目的只是为了让孩子们明白，“天生我才必有用”，总有一个地方可以让他取得成功。

父母们完全可以借鉴这所学校的做法，当你的男孩在学习方面失去信心时，你不妨帮孩子把注意力转移一下，教他下下棋、打打篮球等。一旦孩子有了自己的兴趣，他做一切事情都会充满激情。而接下来，家长需要做的就是，让你的男孩相信，他一定会在这一领域有所作为。男孩往往就是这样，他渴望得到认可，他希望听到“你是重要的”“你会成功”……所以，家长与其整天对孩子讲，“如果”“当”你考上大学将如何如何，不如用事实让你的男孩相信“天生我才必有用”。